［増補改訂版］

戦略プロフェッショナル

競争逆転のドラマ

Uphill Battle

三枝匡

ダイヤモンド社

増補改訂版へのまえがき

本書『戦略プロフェッショナル』は私が人生で最初に手がけた本である。最初にダイヤモンド社から単行本が刊行され、その後、日経ビジネス人文庫に移り、その両方の通算で二五万部を越えたところで、再びダイヤモンド社から単行本の増補改訂版を出すことになった。本書には新たに「戦略プロフェッショナルの要諦」のノートを書き加えた。また人材育成に関するDIAMONDハーバード・ビジネス・レビュー誌のインタビュー記事を、カラーの付属チャートとともに収録してある。

私は一九六九年、まだ戦略コンサルタントという職業が世界で黎明期にあった時代に「戦略」に出会った。それ以来私のビジネス人生は、どんな仕事に取り組もうとも、常に「戦略」が軸だった。私の前半生のことは本書のエピローグに、後半生のことはあとがきに書いた。

ビジネスの世界で、戦略プロフェッショナルと呼ぶにふさわしい力量の人が仕事をしている分野は、主として二つある。一つは戦略コンサルタントとかベンチャー・キャピタリストのような専門性の高いプロ職業。もう一つは事業組織の上に立つ戦略経営者である。私の頭のなかで戦略経営者というのは「プロ経営者」という言葉とほとんど重なる。

プロ経営者というのは、業界を問わず、どこの会社から声がかかっても短期間で状況を把握し、経営の指揮に当たり、結果を出せる人である。世にカリスマ経営者と言われる人がプロとは限らない。プロ経営者は一社の経験だけででき上がることは少ないからだ。プロ野球とかプロサッカーと同じで、高い報酬を得て、働く場が変わったとしても一日目からそれなりの技量を示し、おかしな事態に出会っても「これはいつか見た景色だ」と言って平然と立ち向かうことが求められる。

世の経営者の仕事のなかでも、私の知る限り、最も高い技量を求められるのは不振事業の再生である。本書の主人公広川洋一もそのような状況に直面している。その仕事で誰しも直面するのは、戦略だけでなく組織そのもののあり方をまず変えないことには、何も始まらないという現実である。つまり、新しい戦略を入れ込む時には、目の輝いていない人々が静かに沈んでいる組織の膠着心理を揺さぶって壊さなければならない。戦略コンサルタントは「戦略」だけで仕事になるが、事業再生に当たる戦略経営者は「戦略」＋「腕力」を身につけなければならない。

追い詰められた企業では、単に誉めたり脅したり、あるいは親分子分のような、いわゆる人間術に基づく腕力は役に立たない。それは時に有害でさえある。まずは「論理」の力で、皆が一緒になって死の谷から脱するためにはこの道しかないという「骨太の戦略ストーリー」を作り、社員に提示するのである。そのうえで、その論理を組織内に浸透させ、皆が束になるように仕向けていかなければならない。つまり腕力と言っても、論理が先行しているなかの腕力である。大きな改革はそれまでの社員の価値観や行動に変更を迫るものだから、社員が痛みを感じるのは当然なのだ。論理が十分に強ければ「やってみよう」という意識が広がる。しっかしそうなってくれない人は幹部クラスにさえいるのが普通である。

本書の主人公広川洋一は、経営者としては完全にアマチュアのレベルからスタートしている。この本の多くの読者と同じだろう。今まで組織の上に立ったことがないのに、いきなり彼は経営者として高い技量を求められるむずかしい局面の事業を預かってしまう。順調な会社に舞い降りるのとは違うのである。この本は成功物語であるから、読者には一見スイスイ仕事を進めているように見えるだろう。しかし彼は読者から見えないところで、相当の迷いやストレスと戦いつつ、前に進んでいった。

この本は、劇場でお芝居を観ているのに似ていると考えていただくといいと思う。私に見えている広川洋一の現実の姿をもっと脚本に書き込むとすれば、それは次のようなものだ。読者は本文の一つの章で広川洋一の話を読み進む。本当にあった話とは言え、劇場の一幕を見る感じだろう。幕が下りて次の「戦略ノート」に進む。読者はそこで時間をかけて、関連する論理やコンセプトをひもとく。まさにその時間帯に、主人公広川洋一は舞台裏の控室に引っ込んで、寝っ転がって天井を見ながら、それまでの自分の経営行動を振り返り、正しいことをしているかどうかの疑問に完全に答えられないまま、次の一手をどうしようかと考えあぐねている。私はその姿を明確に透視できる。彼が抱え込んだのは、とんでもないリスクのある仕事なのだ。そして読者が戦略ノートを読み終え、次の章に進もうとするその寸前に、彼は「ヨシ、次はこれだ」と決心して立ち上がり、颯爽と表舞台に戻っていく。読者はそこで次の一幕を見る。

広川洋一は本の背後で、そんな感じの「迷い、思索、手探り」のパターンを繰り返しているに違いないのである。彼にとってすべてが初体験であり、用意された台本など初めから存在していないのだ。文脈の陰で起きているであろうそうした広川洋一の迷いとは何だろう。読者がそれを想像しながら読み進めるなら、この本はいっそう、ナマのケースとしての価値が高まると思う。あなたが戦略プロフェッショナルを目指すなら、そうした孤独な戦いに備えなければならない。

企業の改革において、米国企業のように、意にそぐわない者をすぐ馘にして新体制に切り替えるという安易な刀を、我々日本人はできるだけ振り回したくない。そのイージーな刀に頼らない以上、日本の戦略経営者は米国人よりもずっと高い経営技量を求められる。それなのに、米国の経営者ほど経営リテラシーが高くなくて、勉強もしないのであれば、経営の切れ味において日本の経営が負けてしまうのは当たり前ではなかろうか。日本人は米国人よりも努力して戦略プロフェッショナルの技量を高めなければならない宿命を背負っていることを、我々日本人は肝に銘じなくてはならないと思う。

この本は学者やコンサルタントが書くいわゆる理論書とは趣を異にしている。あなたが戦略プロフェッショナルを目指すのであれば、将来、高い確率で直面するであろう経営現場のナマの状況と論理の行ったり来たりを再現しようとしている。

そろそろ前置きはこれくらいにしよう。それでは広川洋一のストーリー、はじまり、はじまりである。

戦略プロフェッショナル［増補改訂版］——競争逆転のドラマ　目次

増補

三枝匡インタビュー

プロローグ——日本企業の泣きどころ

米国企業の戦略経営は失敗したか

ビジネスの世界で歴史上初めて、実践的に使える「戦略理論」を生み出したのは米国のコンサルタント会社、ボストン・コンサルティング・グループ（ＢＣＧ）である。一九六〇年代末のことだった。

そのインパクトは理論だけにとどまらなかった。それをきっかけにして、米国の戦略コンサルタント業界は七〇年代に爆発的成長を始め、やがて世界各国に支社を出して数千人のコンサルタントを抱えるコンサルタント企業が幾つも出現するようになった。コンサルタント業界が一つの「産業」とも言える規模になっていったのである。

その黎明《れいめい》期とも言える七〇年代の初めに、私はＢＣＧのコンサルタントとしてボストン本社に勤めていた。私はＢＣＧによって日本国内で現地採用された日本人コンサルタントの第一号だった。東京から転勤して、米国勤務になっていたのである。

当時、米国の経営者たちがＢＣＧの企業戦略理論に寄せた関心は熱狂的と言えるものだった。

ボストン郊外の高級リゾート地ケープコッドは、ケネディ家の別荘があることでもよく知られている。そうした場所で企業戦略セミナーが開かれると、破格の参加費など物ともせず、米国の超一流企業の経営者たちが米国全土から飛んできて、会場はいつも定員いっぱいであった。BCGを六三年にたった一人で立ち上げた創業社長ブルース・ヘンダーソンは、背の高い、しかし一見地味な人だった。彼こそが、世界的に広まった企業戦略論の仕掛け人であった。

彼の英語は南部なまりが強く、しかもまろやかな小さい声で話すから、日本人の私には分かりづらいことがあった。しかしそれは、どうやら米国人にも同じらしかった。彼が演壇に立ってプレゼンテーションを行うと、出席の経営者たちは、身じろぎもせず、一言も聞き漏らすまいと耳を傾けた。

ヘンダーソンの話が終わると会場にホッとした空気が流れ、そのあとは、この時ぞとばかりに、活発に質問が出た。そのやりとりのなかで私は、世界に君臨する米国企業の経営者たちの自信と誇りを、痛いほど感じた。

しかしそれからの二〇年間、つまり米国が九〇年代に繁栄を取り戻すまで、多くの米国企業は次々と日本企業との戦いに敗れていった。六〇年代にすでに日米貿易摩擦が問題になっていた繊維から始まって、鉄鋼、自動車、エレクトロニクス、半導体、……かつては我々の前に巨人のように立ちはだかっているかに見えた米国企業が、次々と日本に追いつかれていった。

華々しい躍進で自信をつけた日本人は、八〇年代の後半になると米国企業の買収に走るまでになった。ニューヨークのシンボルの一つだったロックフェラーセンターが日本人の手に落ちた時、米国人は自分たちの凋落《ちょうらく》がそこまで来たことを知った。クライスラーが日本の自動車メーカーに買収される日が来るのも、そんなに遠い将来ではないだろうとささやかれていた。

そのため、いったい米国の経営者にとって、戦略経営とは何だったのだろうかという批判が出てきたのは当然だった。市場を分析し、競合相手の強み・弱みを読みとって自社の戦略を組み立てる……米国の経営者たちが競って勉強した企業戦略の手法は、米国企業を強くするのには結局役立たなかったという批判や反省である。

例えば論理的に戦略を組み立てるやり方が「平均的な米国企業では必ずしもうまくいかなかった」（野中郁次郎『企業進化論』日本経済新聞社）、「かつて米国が競争原理のなかで戦略経営に走ってしくじった」（今井賢一他『ネットワーク時代の組織戦略』第一法規出版）といった見方が八〇年代の中頃に生まれたのである。

再逆転された日本の弱み

しかし九〇年代以降、日本経済は栄光の座から転げ落ち、長いトンネルに迷い込んだ。そして明らかになってきたことは、長い凋落の年月を経験しながらも、米国は日本が二、三〇年をかけても簡単に追いつくことのできない一つのすごい強みを構築していたということである。

それは米国における戦略的な「プロフェッショナル」の育成である。

企業経営について言えば、今、日本企業は深刻な「経営者的人材の枯渇」に見舞われている。集団主義は、これまでの日本企業の強みを生み出す基礎になってきた。しかしそれがために、個人が若いうちからあえてリスクを背負い、冷や汗をかきながら経営経験を積んでいくという機会が、必然的に遠のいてしまった。

九〇年代以降、多くの日本企業の業績が低迷し、トップ経営者のリーダーシップが決定的に重要な役割を果たすべき時期が来たのに、社内を見れば社員個人の「経営経験」の蓄積が非常に貧弱であることに気づかされたのである。とりわけ事業を戦略的に変革していくべき「戦略的経営者」が、日本では育っていないことが見えてきた。

大企業の外を見ても、米国には数限りないベンチャー企業が盛衰を繰り返している。なかには、創業一年目にして売上高が円貨にして一〇〇億円を超えるベンチャーの話が当たり前のように語られている。そんな会社を訪ねると、日本的常識からすれば驚くほど若い社長が出てくることが多い。

もちろん、若いと言っても彼らは経営の素人ではない。ベンチャーの成功と失敗のドラマが米国の若い人々に膨大な量の経営経験を与えているのである。彼らは、カバン一つで日本にやってきて、日本企業と互角に渡り合う。

もし日本と米国それぞれのビジネスマンが蓄えた経営経験の総量を数値化することができると

すれば、その差は両国の人口やGDPの比どころではない。多分、米国の方が、二〇倍か三〇倍も大きく、同じ比較を二〇代から三〇代の若年層に限って行えば、数十倍の差がついているはずである。

経営ノウハウを創出するコンサルタント会社

米国の経営コンサルタント会社は一九六〇年以来、日本的な経営の考え方やノウハウを米国に移転させ、それを彼らなりの独自の手法やコンセプトに敷衍《ふえん》化していくことに大きな力を発揮した。彼らは戦後の日米競争関係の変転のなかで、いわば二つの国をつなぐ黒子として、隠然たる機能を果たしてきた。

それは彼らが日本の経営手法を消化し切り、九〇年代に日本の神話が崩壊し、米国人が日本への関心を失うまで続いた。それまでの約三〇年間、米国の経営コンサルタントにとって日本は、商売上大いに「売れる」材料だったのである。

しかも米国のコンサルタント会社は欧州にも広く網を張るようになった。彼らは日本から米国に移転した経営ノウハウやそこから発展させた新コンセプトを、米国経由で欧州にも広める役割を果たした。

実は欧州ばかりではない。米国のコンサルタント会社は、彼らが雇った日本人コンサルタントを通じて、もともと日本から発したそれらの手法やコンセプトを、米国から日本に（時には、あたかもそれらが純粋な米国製であるかのように装いながら）逆輸出する役割も果たしてきた。

しかもその影響力は、今や日本を完全に飛び越え、アジアに広がっている。ここ三〇年間で彼らのアジア太平洋地域への触手は飛躍的に拡大した。ＢＣＧの事務所は、初め東京にしかなかったが、それが今やソウル、香港、上海、バンコック、シンガポール、クアラルンプール、ジャカルタ、メルボルン、シドニー、ニュージーランドに広がっている。マッキンゼーはこれらに加えて、北京と台北、すなわち二つの中国の首都に事務所を持っている。

こうしたことの意味は何だろうか。世界中にケーブルテレビ網を広げたＣＮＮと類似する現象である。米国の「経営ノウハウ創出産業」で開発された経営コンセプトが、こうした組織を通じて世界各国に（プロとしての高額な所得を生みながら）ばらまかれ、また逆に各国の企業情報が吸い上げられて、彼らの世界組織のなかで行き交っている。

プロの仕事は国籍を問わない。彼らは客先企業の利害を優先して動く。だから、別に彼らは意識して米国のために働いているわけではない。しかし間違いなく彼らの活動によって、米国の経営手法のみならず、いつのまにか米国的価値観までが世界中の企業経営者の心と行動のなかに浸み込んでいくのである。つまり、米国発のビジネス・ゲームが世界中に広まっていくのである。

プロ育成を緊急課題とする日本

今、日本と米国の差を示すキーワードは「プロフェッショナリズム」である。プロフェッショナルの育成に後れを取った日本は、今や国の競争力において深刻なハンディを負うに至った。

企業経営では今戦略的リーダーの不足が顕在化している。大企業の代わりにベンチャー企業を育てようという試みもうまくいかない。なぜなら日本のベンチャー育成で騒いでいるのは学者、官僚、マスコミ、金融機関だけで、肝心のプロの企業経営者が欠如しているからである。おまけにプロの仕事のなかでも最も技量を要すると思われるベンチャー・キャピタリストとなれば、日本にはほんの一握りの数しかプロがいない。

時代が変わり、この問題を放置しておくことはできなくなった。

日本企業が多角化やリストラを図り、それまで経験したことのない新しい分野に出ていく時に求められるのは、先兵となって攻めていくリーダーのプロとしての経営能力である。人は組織のトップに立った時、それまでとは全く違う決断を求められる。多くの日本企業がそうした人材の底の浅さを露呈するに至った。

社会や組織のなかでプロフェッショナルな職業があまりにも幅をきかせると、弱肉強食のルールが支配し、人々の動きは流動的、刹那《せつな》的になり、貧富の差は拡大する。米国社会にはその弊害が多く見られる。だから私は、日本が米国のルールに染まりすぎてしまうと、日本は日本の強みを失い、いつも米国の尻を見ながらマイナーな存在で居続ける国に堕する可能性が高いと考えている。

しかし半面、日本が米国のプロフェッショナリズムに対抗することができず、素人集団のままでいるなら、これもまた負け戦の原因になってしまう。日本はすでに今、そこに追い込まれているのである。日本企業もそれなりに経営のプロフェッショナルレベルを引き上げないことには、日本企業が世界優位の戦略を展開することはますます困難になっていくのである。

この問題の解決に先行した企業が、二一世紀のサバイバルに勝つことになるだろう。若い世代が経験していく目に見えないマネジメントのノウハウは、一〇年後に他の企業がその時になってまねようとしても、追いつきようもないほどの蓄積を生んでいるだろう。

臨場感のあるビジネス・ケース

ある日突然、あなたが事業のトップの座に就くことを求められたらどうするか。本書の戦略ケースの主人公、広川洋一のようにそんな使命をいきなり負わされ、プロとして勝負せざるを得なくなったら、あなたはその試練にどう臨むのだろうか。

あるいは、あなたが会社を退職し、夢あるベンチャー事業を興して自ら社長になるとしよう。

あなたはどんな経営方針をどうやって立てるのだろうか。

本書『戦略プロフェッショナル』は、もともと経営者向けの戦略トレーニング・セミナーの教材として、ダイヤモンド社の支援の下に作られたものがベースになっている。本当にあった話をもとにしている。戦略トレーニングを架空の話でやってしまっては、ただの遊びになってしまうから、市場の状況や競合の動きは事実に基づく生のデータが必要である。

経営コンサルタントの職業倫理の第一は、客先の機密はもちろん、相手の社名も第三者に漏らさないということである。だから、こうしたビジネス・ケースでコンサルタントの客先の話が公開されることはほとんどない。本書は関係者の理解と協力を得て書かれた。機密上の差し障りを極力避けるために少し古い話を取り上げ、それを最近のビジネス環境に合わせて書き直したものである。

臨場感を持たせるために、背景については脚色が加えられている。例えば親会社（第一製鉄）や米国の取引先（プロテック社）との関係、広川洋一の人物設定などは変えてある。文中に登場する企業、人物、製品などには仮名が使われている。会話も再構成されたもので、一つひとつの発言は記録に基づくものではない。

しかし、戦略論で問題にすべき重要な事実関係はすべて本当にあったことである。製品「ジュピター」に相当する機械が一年目に九台しか売れなかったのは事実だし、その当時の市場シェア、競合メーカーの動き、プロテック事業部の営業マンの人数や組織体制も事実のままである。広川が皆に発表した販売の目標台数、新戦略を編み出すまでの時間的推移や作業経緯も、事実のままである。

このケースは、米国のビジネス・スクールの教材になっているケースとか、学者の書いた経営戦略書のケースとはかなり趣を異にしている。

私は常々、これまでのケースには強い不満を持っていた。どれも、かなりマクロ的に書いてあるために経営者個人の苦悩が浮かび上がってこないか、もしくは教材として必要最低限のことしか書いてないために無味乾燥か、どちらかの場合がほとんどだ。二〇代が中心のビジネス・スクールの学生にはそれでも新鮮かもしれないが、経験豊かなビジネスマンが読むには全く物足りない。

しかも、日本人のために書かれた面白い企業戦略ケースが少ないのも不満だった。単行本やマスコミに載る企業モノの読み物は、後づけで経営者を褒めそやすものが多く、途中のリスクを理論的に解析したものは少ない。そんなことが動機で、このケースが書かれたのである。

競争のルールに穴を開ける

事業戦略を成功させるには、現在業界で当たり前になっている競争のルールに穴を開けなければならない。つまり事業に成功する人は、自分で新しい競争のルールを創り出していく人である。

今市場で行われている競争ルール（業界の「常識」）に則ってやっているだけなら、二位の企業は永遠に二位、三位の企業は永遠に三位のままである。

広川洋一は圧倒的に強い競合企業の壁を突き崩すために、新しい競争のルールを何とか見つけだそうと苦悶し続け、そしてついにそれを見つけだす。果たしてそこには、どんな戦略ノウハウと問題点が隠されていたのであろうか。

1 飛び立つ決意

広川洋一の決心

日本で有数の鉄鋼メーカー、第一製鉄の本社は東京の副都心にある。

新事業開発部の主査広川洋一は、二四階の窓から新宿の繁華街を見下ろしていた。

つい先週三六歳になったばかりだ。

入社して八年目にハーバード大学への派遣留学生に選ばれ、ＭＢＡ（経営学修士号）をとっている。

がっしりとした体に、よく日焼けした丸顔。見かけは静かであったが、いつも、周囲の者が一目おく存在感があった。

「新日本メディカルに出向して、あの会社の経営をしばらくやらせて欲しいと、今日の午後、部長に頼んだよ」

「本当か」

隣で驚いた顔をしているのは同僚の小山田である。

この決断が広川の人生をどれほど変えていくことになるか、二人とも今は知るよしもない。

鉄鋼メーカーなのに、広川の話にいきなりメディカルという言葉が出てくるのは、彼がこれまで、脱鉄鋼のための多角化戦略に取り組んできたからだ。

つい先ほど終わったばかりの臨時役員会で、大規模な新事業開発計画が最終的に承認されたばかりであった。

新事業開発部の活動を全社的に広げて、脱鉄鋼の戦略をさらに展開しようというのである。

「この計画がうまくいかなければ、俺たちの考えたことは、しょせん気休めか学者の空論と同じだったと言われる」

「しかし、そんな批判が出てくるようなら、その頃には第一製鉄は倒れているさ。だって代わりにどうしたらいいのか誰も分からないんだ」

新日鉄の社長でさえ、このままいけば新日鉄は倒産するかもしれないと語ったというニュースが流れていた。

鉄鋼産業が大不況に陥るだろうとの確かな予感は前からあったのだ。

日本の鉄鋼業は、**産業の国際シフト**のパターンに従って韓国や中国に追いかけられ、かつての米国と同じ立場に立つに至った。

鉄鋼ばかりではない。

エレクトロニクスや半導体でも、日本は台頭してきたアジア各国に苦しめられるようになった。二一世紀に入っても、多くの日本企業の戦略は、灰色の閉塞《へいそく》感に覆われたままなのである。

新日本メディカルの軌跡

新規事業のタネを探せ、トップからそんな大号令がかかっていた。広川が新日本メディカルを訪ねたのもそんな動きの一つであった。

新日本メディカルは、現社長の小野寺が二〇年前に設立した会社である。

今年五八歳になる小野寺は、広川と同じ九州の出身。でっぷりと太って、いかにも男の愛敬がある。

年齢はふた回り近くも違ったが、初めて会った時から、広川はなんとはなしに小野寺と気が合った。

エレクトロニクス技術者だった小野寺は、初めの頃は通信機器用の電子部品を作っていた。やがてパソコンが世に出てくると、これにいち早く手を染めた一人である。

しばらくすると、パソコン市場は爆発的成長を始めた。誰もが熱病に取りつかれたように拡大に走りはじめた。

その初期の段階で、小野寺は自分の小さな会社が、これからのパソコン市場の激しい競争や技術革新に勝ち抜いていくのはむずかしいだろうと予感した。

人をいくら増やしても追いつかない。

こちらが素晴らしい新製品を開発し、これこそ販売の切り札だと自信満々でいる目と鼻の先で、他社も同じような新製品を次々と出してくる。

初めは何をやってもこちらが先行していたのに、他社に**追いつかれる間隔**がだんだんと縮まり、やがて並ばれてしまった。そのうち、こちらの方が後手に回りはじめるだろうと小野寺は予感したのである。

彼はさんざん悩んだあげく、パソコン事業から撤退することを決断した。将来の事業の主体を、別の分野に求めることにしたのである。

そしてちょうどその頃、米国企業から持ちかけられた話をきっかけに、エレクトロニクス技術を応用した医療機器の分野に転進した。

小野寺が広川に初めて会った時、小野寺は門外漢のはずの鉄鋼マン広川が示した意外な反応に強い印象を持った。

それが一つの出会いの始まりであった。

「社長、ハイテク・ベンチャーがつまずく時は、技術開発で負けるというよりは、生産技術や営業体制で負ける場合の方が圧倒的に多いようです。市場が成長するに従って**競争のポイントが移っていく**ことに、なかなか気づかないらしいです」

そんな議論をふっかけてくる人は珍しかったので、小野寺は気分を害するよりも、むしろ引き込まれた。

「広川さん、会社がガンガン成長している時には、経営者はそれがずっと続くだろうと思い込んでしまうのですよ」

「でも事業には、**成功のための最低限の成長ライン**があるようです。爆発的に成長している市場の場合は、自社がたとえ年六〇％という驚異的成長率を遂げても、最後には負け戦になることがありますからね」

小野寺は内心ドキリとしていた。何となく自分の過去の失敗を見透かされているような気がしたからである。

あの頃に感じた、あのなんともイヤな感じ……競争相手の足音がヒタヒタと背後に迫り、やがて次々と自分を追い抜いていく……遠ざかっていく彼らの背中。積もる借金。

「しかし広川さん、それ以上の高成長をねらう体制を、我々日本の小さな会社にとれというのは酷ですよ」

「はい、でも最後まで**全面戦争**にこだわらなければ、何とか勝ち抜くことができるかもしれませんね」

「どういうことですか？」

「つまり**局地戦争**に持ち込むということです。事業の**絞り**です。経営戦略論で**セグメンテーション**と呼んでいるやつです」

「……」

「社長、こんなこと言うのもおこがましいのですが、ビジネスはどんな小さなセグメントでもいいから、**その分野でナンバーワン**になるのが勝利のコツのようです」

戦略プロフェッショナルの要諦❶ **動態で見る**

広川が小野寺に語っている「ものの見方」は、競争をすべて「動態（ダイナミックス）」でとらえていることにお気づきだろうか。背後に過去→現在→将来の時間軸が含まれている。そして参入企業の数、価格競争、コスト、収益性、自社の開発力、成長率の差、事業の絞り、などさまざまな「戦略要素」の変化が「時間経過とともに」相互にどう影響し合い、最終的な勝ち負けがどう決まってくるかを意識して語っている。戦略プロフェッショナルの第一歩は、競争を動態でとらえることである。

小野寺は、広川を面白い男だと思った。

もしかすると彼が口にしているのは、単なるインテリ・サラリーマンの知識に過ぎないのかもしれない。

しかし広川の言っていることは正しかった。小野寺自身がこれだけ言い切れる見識を持っていたら、あの事業撤退や会社の危機はなかったかもしれないと思った。

小野寺がパソコンの代わりに医療機器事業を始めたといっても、初めのうちは、米国企業が日本で生産している医療機器の電子部品の生産だけであった。しかしそれを続けているうちに、小野寺にはメディカル分野のことが少しずつ分かってきた。

米国企業の開発プロジェクトを手伝ったり、病院に納めた機械のメンテナンス・サービスをやっていくうちに、あちこちの病院や研究所と関係ができたのだ。

そのうち得意のコンピューター技術を応用して、独自商品のアイデアを出せるようになった。やがて小野寺は、事業の中心を「バイオエレクトロニクス」に定め、社名も五年前に「新日本メディカル」に改めたのだ。

しかし経営は楽ではなかった。独自開発の製品はまだ少なく、輸入販売が多かった。小野寺は少しくたびれかけていた。

できることなら、会社の経営を誰かにやってもらってもいいと思っていた。

それでも二年前には、売上高は二〇億円を超え、社員も一〇〇名近い規模になっていた。

そんな時、第一製鉄が提携を持ちかけてきたのである。

第一製鉄の資本参加

「第一製鉄ほどの会社が、こんな小さな会社に出資したいなんて、何かウラがあるんじゃないですか」

小野寺がそんな疑問をぶつけると、第一製鉄の社員は誰もが必死になって否定する。皆、一流大学を出たインテリばかりだ。

「多角化の一環でメディカル分野に出たいのです」

「我々に必要なのは**ベンチャー精神**です。だから、これは勉強のためでもあるのです」

「決して買収なんかじゃありません。言ってみれば、これは単なる提携と同じです」

彼らの言うことにうさん臭さは感じられなかった。

彼らは、ベンチャーブームに注目し、ベンチャー企業との提携によって、多角化戦略のきっかけをつかみたいと考えているのだ。

小野寺はいいだろうと思った。

全く異業種の製鉄会社が株主として入ってきたところで、経営に口出しすることはないだろう。日本有数の鉄鋼メーカーが株主になれば、会社にハクがつく。

いくら業績を落としているといっても、第一製鉄なら「腐っても鯛」というやつだ。

これまで苦労してきた銀行とのやりとりや取引先の獲得が、これでずいぶん楽になるはずだ。

三年前に提携した米国プロテック社に対しても、信用度が増すに違いない。

第一製鉄は、どうせ投資するなら三〇％以上の株主になって、全面的にバックアップしたいと言う。

いっそのこと、第一製鉄に五〇％の資本参加をしてもらいたい、と言いだしたのは小野寺の方だった。

この比率だと、小野寺の持ち株比率の方が低くなる。世間的には、まるで会社を売り渡したみたいだ。

しかし、彼はかえってその方がいいと割り切ったのである。

もしこれから苦しいことがあっても、資金の手当などは第一製鉄にやってもらえばいい。将来、上場するところまでいきたいものだが、大企業をテコにして成長した方が早いのではないか。

こうして話はまとまり、新日本メディカルは資本金を二倍に増やし、増資分の株式はすべて第一製鉄が取得した。

株の取得価格は、今では常識になった**時価評価**が行われ、額面の一二倍に設定された。第一製鉄は、評価が多少高めだとは思ったが、文句も言わずにそのまま受け入れ、総額六億円を新日本メディカルの銀行口座に振り込んだ。

これによって新日本メディカルの株主構成は、第一製鉄五〇%、小野寺三五%、取引先などその他株主一五%となった。

第一製鉄は小野寺との合意に基づき、新事業開発部長など二人の幹部社員を、新日本メディカルの取締役に指名した。

二人とも**非常勤の社外役員**であった。

第一製鉄は、さらに小野寺の求めに応じて、手薄だった経理と経営企画を強化するために、定年に近い社員二名を、とりあえず出向の形で送り込んだ。

小野寺社長は、第一製鉄から干渉がましいことを言われることはなかった。

毎月の定例役員会に、非常勤役員の二名と、新事業開発部の担当として広川が来るだけであった。

「もっといろいろ指摘していただけるといいのですが」

小野寺がそう水を向けても、二名の取締役の反応はいつもおとなしかった。

しかし小野寺は満足していた。

広川洋一がことあるごとに足を運んでくれたからである。広川の態度は、第一製鉄の他の社員とは対照的であった。

役員会の席上では黙っていたが、小野寺と二人になると、広川は何でもはっきりと物を言った。

時には小野寺がハッとするようなことを、何気なく口にするのである。

「社長、先週の役員会で説明されたプロテック事業部の新製品についてですが」

「ジュピターのことですね」

「多分、あのやり方では、大して売れないように思います」

この世には、言いたいことを言って相手に憎まれない、うらやましい性格の人がときどきいる。

「どうしてですか」

小野寺は笑みを浮かべている。

「どんなユーザーをねらって売り込むのか、販売戦略の**ねらいが曖昧《あいまい》**だと思うのです」

そこから二人の会話が延々と続く。

小野寺は広川のアドバイスに、いつも注意深く耳を傾けた。これまで、これほどきちんと意見を言ってくれる人はいなかった。

小野寺の右腕と言えば、開発担当の常務がいるだけだ。

多目的に会社を二つの事業部に分けていたが、小野寺自身が両方の事業部長を兼ね、その下に若手の課長が数名いるだけという、薄っぺらな陣容であった。

一人で走り回っていると、自分でわけが分からなくなってくることが多い。

それだけに、広川の意見は小野寺にとってありがたいものだった。

こうして、第一製鉄が新日本メディカルに資本参加して一年もたたないうちに、広川は小野寺が雇った経営コンサルタントのような存在になっていた。

広川にもその役回りは楽しかった。

そんな彼にも、実は大きな悩みがあったのである。

広川洋一の悩み

かつて「鉄は国家なり」とまで言われた基幹産業のなかで、とりわけ第一製鉄は保守的な経営で知られていた。

若手が大きな権限を与えられて活躍する社風ではなかった。しかし、広川はそんなハンディをはねかえすぐらい優秀であった。

米国への派遣留学生に選ばれ、帰国してからも陽の当たる部門を歩いた。

しかしここ数年、広川の気持ちは何となく重かった。

幸運にも手にしたハーバード大学への留学が、広川の意識を完全に目覚めさせていた。

美しいキャンパス。

芝生の上に寝そべっていると、目の前のチャールズ川を、シングルスカルのボートが、あめんぼのように通りすぎていく。

日本から来た広川は、急に解き放たれた鳥のような、めまいさえ感じたものだ。

米国のオープンな人間関係。

プロフェッショナルな職業を目指して頑張る、若い米国人たち。

実力だけが物を言う自由なビジネスの世界。

それに比べ、日本に戻った時に感じた、第一製鉄のあの重い雰囲気。何となく、箱のなかに押し込められ、上からフタをされたような圧迫感。

自分の将来はここにしかないのだろうか。

そんな思いが、この数年間、広川の心のなかを占め続けてきたのだ。

広川がハーバード大学に行った時、彼の学年には同じように日本企業から派遣されてきた日本人が一二名いた。

その仲間が日本の会社に戻ってから、この四年間で五人の転職者が出た。それがさらに増えそうな気配だ。

「ハーバード大学で俺と同じクラスだった山田を覚えているだろう。この前会ったら、いよいよ三菱商事をやめてボストン・コンサルティング・グループに行くと言っていたよ」

「スタンフォード大学の卒業生でも、日立の大井がマッキンゼーにしようか、ペインにしようかと迷っているとか言っていた」

そんな話を聞くと広川も落ち着かなかった。

彼らの行く先は、圧倒的に外資系の専門的な仕事、いわゆるカタカナ職業が多かった。**プロフェッショナルな生き方**、いわゆるプロの生き方を選ぶ人が多いのだ。

マッキンゼーは今や世界八〇都市に五〇〇〇人近いコンサルタントを抱える地球規模のコンサルタント会社になった。

一九六〇年代にたった一人の創業者で始まったボストン・コンサルティング・グループも、二一世紀に入った今、世界四〇都市にオフィスを構え、四〇〇〇人を超えるプロフェッショナル集団になっている。

日本のコンサルタント会社で、そんな国際的規模に達した企業は、ただの一社さえも見当たらない。

ハーバードから広川と同じ鉄鋼業界に戻った清水は、去年、ヘッドハンティングのエゴンゼンダー社に移った。

トップ経営者の候補者を探し出し、彼らをリクルートするという、いわゆるヘッドハンターという職業に、今やうさん臭いイメージはない。

日本人の職業観は急速に変わってきているのだ。

コーンフェリー、エゴンゼンダー、ラッセルレイノルズといった欧米の一流ヘッドハンティング会社が東京に進出している。

そこには、かつてソニー、トヨタ自動車、日立製作所など一流の日本企業に在籍していたトップクラスの日本人ＭＢＡたちが、ヘッドハンターとしてさっそうと活躍している。

日本の会社にいる人でも、トップクラスの優秀な人材なら、少なくとも一度は彼らに声をかけられたり、会ったりしているはずだ。

彼らはもはや、外資系企業の仕事ばかりをしているのではない。日本企業の依頼によって、日本人を探す仕事が急速に増えているのだ。

広川にもこれまで何度となく電話がかかり、彼が転職を迷ったのも、それがきっかけだった。広川の友人たちが会社を辞めた時には、会社から出してもらった留学費用を自費で弁済した者もいたし、そのままただ退職を許された者もいた。

いずれにせよ、日本企業にとって、彼らを留学させたこと自体が、どう見てもアダとなっているのだ。

優秀な社員を選別し、せっかく教育に投資したのに、彼らをとどめておくことができない日本企業は、その代わりにいったい何を守ろうとしているのだろうか。

そして、米国で**野心**を植えつけられたＭＢＡたちが、その野心を本当に追いかけようとすれば、彼らは自分たちを育ててくれた日本の会社から出ていくほかはないのだろうか。

戦略プロフェッショナルの要諦❷ 借りの論理から自論への展開

こう書いたからといって、本書は安易なＭＢＡ礼賛を行うものではない。経験未熟な二〇代を対象とするＭＢＡ教育に学ぶだけで経営力がつくと思ったら大間違いだ。著名なヘンリー・ミンツバーグ教授は米国で業績不振企業ほどＭＢＡが多いのはなぜかと、笑い話のような問いかけをしている。

ＭＢＡから学び使えるものは大いにパクるとよい。しかしそこ止まりの日本人が多い。初めは借り物の論理でも経営現場で試し、自分なりに修正して「自論フレームワーク」に変える。経験とともにそれを蓄積する。そこまでしないとあなたの経営力は上がらない。

広川洋一が本書のなかでそのプロセスを追っているのがお分かりだろうか。初めは多少怪しくても彼はその論理を持ち出し、データによる検証を行うなかで論理が当てはまるかどうかの「実験」を繰り返している。そうした行動の積み重ねを通じて、彼は理屈だけのサラリーマンから戦略プロフェッショナルに変わっていく。

この実戦過程をビジネス・スクールで教えることなどできない。ＭＢＡ礼賛に惑わされてはいけない。ＭＢＡを越える上級編の経営力を身につけるためには、自論フレームワークを一つでも多く身につけるための「知的体育会系の戦い」を、あなたが自分の経営現場で追い続けることが肝心だ。

米国からの来訪者

新日本メディカルの業績は伸びていた。

売上高は昨年二八億円、今年は目標が達成されれば三五億円になる。第一製鉄が資本参加をしてから、この二年間に、売上高は年平均二五％ずつ増えたことになる。

広川は相変わらずよく新日本メディカルを訪ね、小野寺の話し相手になっていた。

そんなある日、広川は突然、小野寺の紹介で思わぬ人の来訪を受けた。

新日本メディカルの米国の提携先、プロテック社の副社長スチール氏であった。金髪の頭が禿《はげ》上がって少し老けて見えるが、多分五〇歳には届いていないだろう。

理屈に合わないことは絶対に言わないといった顔つきで、どこかの大学のＭＢＡに違いない。

プロテック社は米国のバイオテクノロジーのベンチャー企業として、一〇年前にスタートした。サンフランシスコ郊外に本社を持ち、今年の売上高は円換算で約四〇〇億円、有力な成長企業として注目されていた。

広川は事業開発部長とともにスチール氏に会った。

名刺交換を終えると、スチール氏はすぐに話を切りだした。

「プロテック社は六年前から、新日本メディカルを日本での総代理店にしています。しかしどうも売上げの伸びが悪いので、二年ほど前に契約の解消を考えました」

広川もこの話は小野寺から聞いていた。

「ところがちょうどその頃、第一製鉄が新日本メディカルを買収するというので、私たちは思いとどまったのです」

スチール氏によれば、第一製鉄ほどの一流企業が新日本メディカルに資本参加するのだから、今後新日本メディカルの経営体制は飛躍的に強化されると読んだのだ。

「しかし、その後の様子を見ていると、さして大きな変化はありません。プロテックの売上高も、相変わらず年に一〇％ほどしか伸びていません」

確かに、新日本メディカルの売上高の四分の三を占める医療機器事業部は、年率三〇％以上で伸びているが、もう一方のプロテック事業部の伸びは、今年の実績で一一％にしかなっていない。

「このままでは、プロテック社は日本市場で決定的に立ち遅れると心配しています。第一製鉄が今後、新日本メディカルの経営をどう持っていかれるのか、直接お聞きしたくて来たのです」

第一製鉄の業績が悪くなっていることもよく承知している様子であった。もしかすると、第一製鉄が新日本メディカルから手を引くのではないかと恐れているのかもしれない。

しかし話は全くかみ合わなかった。

第一製鉄は新日本メディカルの経営を支援はするけれども、経営の具体的方針にまで口出しはしないという方針なのだ。

スチール氏は思った。

自分たち米国の経営者は、関連会社の経営について、日本的表現で言えば「箸《はし》の上げ下ろしまで」指図する。

ところがこの日本企業の泰然たる態度は何なのだ。

それに、毎月の業績に対して、どうしてあんなに鈍感でいられるのだろう。

二〇世紀の後半、多くの米国人にとって日本的経営は神話の世界だった。

日本人がなぜあれほどの躍進を続けることができるのか、まるでブラックボックスであった。

しかし、八〇年代に入ってから、少しずつその神話は崩れていった。米国人がブラックボックスをこじ開け、なかをつぶさにのぞくに従って、化けの皮ははがれていった。

スチール氏は納得していなかった。

米国の企業が、三カ月ごとに四半期業績を問われ、子会社群を含めて利益管理に必死になっているというのに、この日本人たちがこれほどノンビリした態度をとれるのはなぜなのだ。

しかも、第一製鉄は今期、最悪の業績になるというのに……。

広川はスチール氏をあまり突き放すと、今後のプロテック社との関係がおかしくなるのではないかと危惧《きぐ》した。

半面、小野寺を差し置いて広川たちが立ち入った言動をすれば、問題がさらに複雑になるように思われた。

広川がそれを正直に説明すると、スチール氏は仕方がないといった風情で帰っていった。

スチール氏はこの訪問で大した収穫を得られなかった。が、強く印象づけられたことが二つあった。

一つは、第一製鉄が、良くも悪くも、とてつもなく大きな会社だということだ。

そしてもう一つは、広川洋一であった。

何とかあのような男を、自分の日本での事業展開に引っぱり込めないだろうかと思ったのである。

同じことを、二年前から考え続けていた人間がもう一人いた。

小野寺である。

第一製鉄訪問から帰ってきたスチール氏は、小野寺に厳しい表情でこう言った。

「小野寺さん、プロテック事業部の業績を上げるために、思いきった組織の拡充をしていただけませんか。

例えば社長のあなたがプロテック事業部の部長を兼務しているとか、専任のマーケティング・マネジャーがいないとか、私には納得できないことが多すぎます。

こうした対策を至急とっていただけないのでしたら、新製品ジュピターの販売は、新日本メディカルでなく、他の日本企業にやってもらうことを考えざるを得ません」

こちらの社内のことまで口出しされて、小野寺はいささかカリカリした。

しかし、ここで喧嘩《けんか》するわけにはいかなかった。

プロテック事業部は、売上高では会社の四分の一しか占めていなかったが、利益率が抜群に良く、営業利益の半分を稼ぎ出していたからである。

小野寺、広川を誘う

そんなことがあって、小野寺はますます自分の力に限界を感じていた。

新日本メディカルの業績は悪くなかったが、人材の採用が思うように進まず、それがこれからの業績を左右しかねない感じであった。

特に、経営面で彼の右腕らしき人間が一人もいないことが最大の悩みであった。

ある日の夕刻、小野寺は広川を赤坂プリンスホテルのマーブルラウンジに誘い出すと、単刀直入に言った。

「広川さん、うちに来てもらえませんか」

いずれこんな話が出るかもしれない、という予感はあった。

「ぜひ、常務取締役という立場で……」

「声をかけてくださるのは嬉しいのですが、今のところ第一製鉄を辞めるつもりは……」

「一時的な出向ではどうですか」

「私のような若いのが常務取締役というのは、通らないと思いますよ」

「しかし、あなたに思いっきりやってもらうには、それぐらいでないと……」

それがつい一〇日ほど前のことだった。

広川は、再び目を新宿の夜景に向けた。

小山田も同じように外を見ている。

新日本メディカルに自分が入って努力すれば、あの会社はずっと良くなるような気がする。

窓のはるか下を走っていく救急車の赤い灯を追いかけながら、広川の声は明るかった。

「自分がプロフェッショナルな仕事にチャレンジさせてもらえるなら、親会社の組織にとどまることにこだわる必要なんかない、そう思うようになったのさ。格好つけているよりも、今のうちに**自分の力**をつけることが先だよ」

大企業のサラリーマンが時代の華でなくなってから久しい。

しかし多くの人がいまだにそれにこだわっているのは、代わりの生き方が見えないから、ただそれだけではないのか。

「曲がった道のその先が見えないからと言って、じっと座り込んで考えていても、何も始まらないと思うんだ」

自分で自分の背中を押して、とりあえず前に向かって歩き出す。向こうの曲がり角まで行ってみれば、その先の道がどうなっているかも見えてくるだろう。

広川はそんな心境だというのだ。

「食いっぱぐれる世の中でもないしな」

「広川、おまえもよくそこまで割り切ったな。羨《うらや》ましいよ。確かにこのまま勤めても、将来報いられるという保証は何もない。今度の人事削減で早期退職していく社員を見ていると……」

年をとって気がついてみたらただの人、そんな人生で終わりたくないと広川は思う。

「うまい具合に新日本メディカルの話が出てきた。自分で面白い仕事を作り出して、好きにやらせてもらえそうな気がしているのさ」

新日本メディカルに行くことは、自分で言い出したことだ。それに向かってもう少しやってみようと、広川は自分に言い聞かせているのである。

「開き直って、人生が少し面白くなってきた。そんな感じだよ」

そう言って広川は笑った。

しかし、彼の楽観的な見方に今のところ何の根拠もないことは、彼自身がいちばんよく知っていたのである。

戦略参謀の弊害

戦略ノート

経営トップの戦略責任

企業の最優秀の人材が、ワイシャツの腕をまくって新事業の陣頭に立つことが求められる時代になった。世の中が不安定であることをうらめしく思うのではなく、むしろそれをチャンスだと感じて、状況に合わせて組織を変化させていくことが、勝ち戦を収める重要なカギとなった。

しかしそうは言っても、第一製鉄のような図体の大きな企業のなかに長いこと浸かっていた広川洋一のような人間が、トラブルを抱えた外部の企業の経営にいきなり入っていって、うまくいくのだろうか。誰しもが不安になるに違いない。

組織のトップに立つ者と、ナンバーツー以下の違いは、会社の将来の運命を左右するような戦略的問題について、意思決定する責任があるかないかである。

もちろん、責任はあっても、それを果たさない人はいる。現在の業績がそこそこ良ければ、会社のトップが戦略的課題を曖昧なままに放置しても、それによって「今日の経営」がすぐに苦境に陥ることは、まずないからである。だから、その責任から逃げようと思えば、とりあえずは逃げられる。

しかしそれは、ボクシングでボディブローが時間とともに効いてくるように、事業の明日の運命にじわりと影響を与えるようになる。気がついた時には、どんなにあがいても動きようがないほど、打つ手がなくなる。つまり、戦略決定の責任を先送りにした咎《とが》は、必ず将来の選択肢を狭めてしまう結果を招く。

我々の人生と同じように、いつも幾つかの選択肢を用意している企業は強い。トップは情勢の推移を見ながら、手の内の選択肢のなかから勝負の道を見定めて戦略を絞り、そこから先はリスクを背負って一途に走る。やる気のある経営者とは、こうした戦略責任に進んで当たろうとする人々である。

しかし広川のような経営経験の浅い人間にとっては、トップとしての責任を果たそうにも、どうにも自分自身が頼りないと感ずるに違いない。いわゆる素人療法を無理強いして、会社をますますおかしくしてしまうことだけは避けたい。しかし、いきなり優れたトップになれるわけもない。そう思うと、何となく腰が引けてくるのではなかろうか。

トップにとって、人情、人としての魅力、包容力、そういった人間的側面は不可欠の課題である。しかし、それだけでは戦略的責任を果たすことはできない。いや、そのような人間的側面に頼って経営をしようとする人ほど、戦略的責任から逃げる傾向さえあるように見える。

トップとして部下に重大な指示を与えるためには、トップ自身が戦略的な判断の視点、見識、センスを持つことがどうしても必要である。そのためには、トップ自身が勉強して、ある程度の戦略理論の基礎を身につけておかざるを得ない。

戦略理論は役に立つのか

今日、日本でもてはやされている企業戦略理論は、ほとんどが米国生まれである。一九七〇年代以降、ボストン・コンサルティング・グループ（BCG）やマッキンゼーばかりでなく、米国では企業戦略を専門とするコンサルタント会社が隆盛を極めている。日本でも、こと企業戦略の分野では、外資系コンサルタント会社の方がはるかに有名である。

しかし企業戦略論のご本家である米国で、八〇年代にあまりにも多くの大企業が国際的に敗退してしまった。こうした米国企業の凋落を見て、日本人の多くが疑問を持ったのは自然であった。果たして我々日本人にとって、これらの企業戦略論は、信じるに価するのであろうか。

一九七〇年代の初めから、世界的な企業戦略論の広がりに火をつけたのは、ボストン・コンサルティング・グループの「プロダクト・ポートフォリオ理論」であった。

あの理論が人々の注目を集めはじめた頃、コンサルタントとしてそれを説明する時の小気味のよさといったら、それはもう大変な快感であった。それまで経営者が頭のなかでバラバラに考え、ほとんど勘でしか関連づけることのできなかった重要な経営要素が、一つのチャートの上で鮮明に結合されたのだ。

マーケットシェアの価値、事業のライフサイクル、キャッシュフロー、コストの動き、価格政策、多角化戦略や撤退戦略、……そういった複雑な戦略課題がビジュアルなチャートでたちどころに整理されてしまうのだから、説明を聞いている経営者たちは目をランランと輝かせたのである。

自分の会社の事業の位置づけが、自動的に色分けされる。それは映画の西部劇の善玉と悪玉、落ち目の保安官に明日のスター、時には美女が出てきて目がくらむ、といった色彩感覚に近いものだった。だから、シンプルなことをとりわけ好む米国人にはドンピシャリの戦略理論だったのである。

やがて米国では、ＢＣＧの商売敵のコンサルタントたちが、この理論は単純すぎると批判しだした。しかし、ポートフォリオ分析のやり方はあまりにも人気が出てしまったので、彼らも商売上それを否定するわけにもいかない。

そこで、ボストン・コンサルティング・グループのチャートが２×２の四つのマス目を使っていたのに対して、マッキンゼーは３×３の九つのマス目を使って……という具合に、善玉と悪玉の中間ゾーンを作ったり、より複雑な価値判断を組み込む方が現実に近いといった議論があちこちから出た。

しかし私は、誰の手法を利用したにせよ、ポートフォリオ戦略が米国企業に及ぼした決定的な影響は、ダメな事業はダメと位置づけ、それを撤退や売却の戦略に具体的に結合させたことだと思う。

当時の米国の経営者たちは、ダメ事業をどう判定していいか分からず、社内の意見統一もできにくいと悩んでいたのだ。その問題に、ポートフォリオ戦略は強烈な解答を与えたのである。

ポートフォリオ理論は瞬く間に米国企業の間に広がり、一九七九年の時点で、米国のフォーチュン・ランキングのトップ五〇〇社の半分近くが何らかの形で経営に取り入れていたという。

当時のこの流行ぶりは、日本で一時期流行したＣＩ（コーポレート・アイデンティティ）や最近のＳＣＭ（サプライチェーン・マネジメント）のブームのことを考えれば理解しやすい。初めは勇気ある経営者がＣＩをやって世間の注目を浴びる。それを見て、次第に我も我もと多くの企業がやりだせば、そのうち誰もバスに乗り遅れまいと焦りはじめる。

もともとＣＩをやることは「戦略的優位」を生むためのものであったのに、そのうちそれをやらなければ「戦略的不利」を生むという状況になって、さらにブームが広がる。

こうして、企業戦略の手法は急速に米国企業に広まったのだ。しかし、その後の展開が問題であった。

トップダウンの米国企業

ところで、この続きを説明するために、ちょっと違う話をしたい。私はその後BCGを離れてスタンフォード大学に留学し、MBAをとってからシカゴに住んだ。そこでバクスターという米国企業の社長のアシスタントになった。

この会社は当時、社員数約三万人、世界各国に工場や販売会社を持つ多国籍企業であった。周りには一人の日本人もおらず、私の仕事は社長の特命プロジェクトを実行することで、もっぱら米国国内とヨーロッパが活動範囲であった。

この社長は、米国上院議員の選挙に出馬して将来は大統領をねらうのではないかという、まことしやかな噂《うわさ》が出たくらい、弁舌さわやかで格好のいい人だった。ハーバードのMBAで、フットボール選手のような大きな体、そして、とてもハンサムだった。

ある日社長から呼び出しがかかった。社長室は、役員専用のビルディング・ワン

（第一号館）にある。専用の長い渡り廊下を通って、社長室に行く。窓の外には噴水があって、アヒルが泳いでいる。会長と社長のために造られた庭だ。その先には何万坪という広大な敷地が広がっている。

ソファーに向かいあって座ると、社長は私に、研究所の組織効率に問題がありそうで心配していると説明を始めた。私への指示は、数週間かけて研究組織の改善点を洗い出し、報告するようにという内容であった。

その研究所は、昔は本社として使っていた古臭い建物のなかにあり、約四〇〇人の研究員がいた。私は経営的なことは理解できても科学の専門的なことはさっぱりだ。この仕事は私にこなせるのかなと心配しつつ、毎日朝から晩まで、研究所のなかを歩き回り、担当副社長、各研究部のディレクター、その下の研究室長たちといった具合に順番に面談していき、複雑な作業関連図を作りながら分析を進めた。

彼らと話していると、聞いたこともない専門用語が、それも英語で、一分ごとに出てくるという感じだった。彼らにしてみれば、何も分かっちゃいないへんな東洋人が研究所のなかをうろついていると思ったに違いない。私の顔を見たとたん、露骨にそんな感情を顔に出す米国人もいた。しかし、私が社長のアシスタントだと知ると、そんな人に限って、一転して親切になったりした。私の肩書きは、助さん格さんが振りかざす水戸黄門の印籠《いんろう》くらい利き目があった。米国にも現金な連中がたくさんいるということだ。

私の作った作業関連図は、それまで研究所の幹部さえ見たことがないほど膨大で、彼らの気づかなかったことがたくさん含まれていた。複数の部署で似たテーマの研究がバラバラに行われているなど、確かにムダが多かった。

私は予定通り分析結果をまとめ、改善についての私の意見を社長に提出した。私は社長がその資料を参考にして、研究所の幹部たちとさらに細かい検討を行うものと思い、翌日、別のプロジェクトのためにヨーロッパに出張してしまった。

二週間後に戻ってくると、へんな噂を耳にした。本社の研究担当重役や研究所の幹部に大規模な組織異動が発令されたというのだ。おかしな予感がした。私は何があったのかと、すぐに社長に聞きに行った。私の予感は当たっていた。

彼は私のファーストネームを呼んで「TADASHI、君の仕事はいい内容だった。ありがとう」と言ったのだ。この多国籍企業の頂点に立つ素晴らしく有能な社長は、私の言ったことを私が瞬きをする間に実行に移してしまったのである。

米国のトップ経営者のこのスピード、この決断力。社長直属のスタッフの言動が会社に及ぼす、このすさまじいインパクト。日本企業では到底考えられないことであった。外から来て間もない直属スタッフの提言がこれほどの重みを持ち得るのか。私は改めて、米国企業の組織経営の違いに驚嘆したのである。

強力な戦略企画部門の弊害

ここから先はこの会社の話ではなく、一般論で本題に戻る。ニクソン大統領の特別補佐官キッシンジャーのように、あるいはもっと卑近なこの私の体験談のように、米国では一般に組織のトップのスタッフに強力な影響力を持たせる。そうした組織風土がもともとあるところに、一九七〇年代に企業戦略論が急速に広まると、米国企業では「智」と「将」を組織として分離する動きが強くなった。

社長自身は切れ者で「智将」だが、さらにそれを補佐するための直属の「智」専門の戦力企画部門を置く。そのスタッフが会社全体の戦略や各事業部の方向づけを打ち出す。

ポートフォリオ戦略の実行で有名になったゼネラル・エレクトリック（GE）の戦略企画部門などは、いまだによく引き合いに出される。多くの米国企業で、戦略企画スタッフが大きな力を持つようになったのである。

こうした企画部門に対して、各事業部長は打ち出された戦略を「忠実に実行する者」として位置づけられた。大企業の場合は事業部や子会社といっても、一〇〇〇億円近い売上高をあげたり、数千人の社員の上に立っていることも多い。だから事業部長は、もともとは立派な「将」であった。日本で言えば、戦国の武将の腹心の部下たちが、あちこちの出城の城主を務めているようなものだ。

ところが、戦略計画が重視されるようになってからは、すっかり「智」が上にきて、ほとんど「将」を制する状況になった。ラインの責任者が本社の社長に会いに行く時には、その前に戦略スタッフの若いＭＢＡに根回しをしておく。彼らにしてみれば、そんないまいましい情景が現実に増えたのである。

なぜそうなったかと言えば、まず第一に、戦略理論が複雑化すればするほど、それを使いこなす専門スタッフの発言力が高まる宿命にあったのだ。しかもどんな戦略理論もお湯を注ぐだけでいいインスタントラーメンみたいなわけにはいかない。味つけによって結論がいかようにも違ってくる。

社長のジレンマも大きくなる。もし戦略理論を自分の日々の経営判断に本当に使おうと思えば、自分で理論体系を完全にマスターしなければならない。自分が直接戦略作業に頭を突っ込み、自分で判断を下していかないと、とんでもない結論にいきかねない。かといって忙しい経営者は現実にはそんなことはやりきれない。

彼らとしても、中途半端に素人にまかせてしまうやり方にはかえって危険を感ずる。そこで高いお金を払って戦略コンサルタントを雇うか、あるいは代わりに戦略企画部門を設置して、そこに切れ者を雇って戦略計画を立てさせるしかないということになったのだ。

こうして戦略企画スタッフが、社内で大きな力を持つようになった。そのうえさらに、米国の短期志向の経営風土が輪をかけた。米国の経営者は会社の株価がどうなるかで業績を判断されるから、彼らは一株当たりの利益を高く保つのに躍起になる。そんな心理状況のところに、ＭＢＡや戦略コンサルタントが雇われて戦略企画を立てればどうなるか。

手間と時間のかかる製造現場や開発部門の問題解決よりも、手っとり早くて投資計算もやりやすい財務戦略やＭ＆Ａ戦略に走りがちになるのは当然すぎるくらい当然だ。業績の悪い事業部長は、ヘタをすればＭ＆Ａで自分の部門は売却されてしまうかもしれないと、いつも内心ビクビクしている。

ラインの責任者たちにしてみれば、戦略目標は頭のいい人たちがどこかの部屋で作成してそれが上からドサッと下りてくる。次々に新しい戦略方針が出てくるが、本音を言うと、どんなロジックでそれが組み立てられたのか、実はよく分からない。

毎年、予算やビジネス・プランの提出の時期がくると、決められた用紙に数字を入れておけば、あとは戦略スタッフが検討してくれる。この作業は組織の末端にまで連動しているから、例えば日本の子会社なども含めて世界中の出先に同じ用紙が配られる。しかし、子会社の幹部はその意味や目的がよく分からないまま、やはり数字を書き込んで提出するだけになる。

米国企業ではエリート社員とそうでない者の落差が大きいから、事業部長から組織の下へいけばいくほど、戦略の意味づけは薄くなる。下の者は会社全体が何をやっているのか関心さえないことも多い。要するに、我々日本人が会社のなかで感ずるような一体感（お互い一つのカラダのように感ずるとはちょっと言い過ぎだが）は、米国企業にはほとんどなくなってしまったのである。

戦略理論自体は悪くない

米国のトップダウンの組織風土、短期の利益志向、ＭＢＡを軸にした数字管理、戦略企画部門の偏重、こうしたことが相まって、戦略理論は米国企業の開発部門や生産現場から離れた方向に走ってしまった。一九七〇年代に米国の大企業にポートフォリオ理論が広まったことと、一九八〇年代に米国にＭ＆Ａブームが広がったことは決して無関係ではなかった。

七〇年代にポートフォリオ理論の最も熱心な信奉企業だったＧＥから八〇年代初めにジャック・ウェルチが登場し、ポートフォリオ理論のまさに真髄を突いて「業界一位、二位以外の事業はすべて捨てろ」と叫んだことなど、その典型であった。

善玉、悪玉をはっきりさせて、よけいな事業はなるべく高値で売却する。会社の株価を高く保つために、長期志向の投資は避ける。新しい技術は外から買えばいいと、社内の研究開発を切り詰めるから、研究者はやる気をなくし、自社技術は枯れてくる。買収した会社への取り組み方は、日本の土地ころがしと寸分違わぬ図式である。土地はころがしても腐らないが、会社は腐る。

すぐに利益を出させようと乗り込んで行って研究開発を整理する。少しでも資金を回収しようと、会社をバラバラにして売りに出す。土地の切り売りと同じである。買収先の経営陣は次々と変わり、企業のカルチャーはズタズタになる。その昔ヒットした米国映画『プリティ・ウーマン』のなかで、人気俳優リチャード・ギアが演じているのは、こうした「会社の切り売り」で大もうけした米国のニューリッチなのである。

こうしたプロセスを国中で繰り返しているうちに、米国の産業は八〇年代にスカスカになってしまったのだ。

当時の米国経済の凋落の原因は、決して日本との貿易問題ではなく、純粋に米国国内の問題、つまり多くの米国企業の誤った企業戦略の帰結であったと私は考えている。しかし、だからといって、私は米国で開発された企業戦略論の体系が間違っていたとはいささかも思わない。問題は彼らの戦略理論の使い方が悪かったのである。

例えばボストン・コンサルティング・グループの理論体系は、米国企業が経営のやり方を変えない限り、米国企業の多くがやがて日本企業に敗れ去るであろうことを、六〇年代末から明白に予見していた。

ブルース・ヘンダーソンや日本法人の社長アベグレン博士は、ことあるごとに、米国企業にそうした警告を発していた。BCGは一九七一年頃から、鉄鋼や自動車を取り上げて、日本企業の成長戦略の脅威に関する戦略セミナーを米国の経営者向けに開催しはじめた。私はアベグレン博士に連れられてヨーロッパに行き、同じようなセミナーでプレゼンテーションをしたこともある。

しかし結局、米国の経営者たちは、米国だけのビジネス・ゲームを演じ続けてしまった。米国企業の多くは、戦略論から出発して、財務戦略やM&Aの方向に走ってしまった。もし、彼らが同じ戦略論から、長期の競争力を強化するための製品開発戦略や生産性向上の方向に走っていたら、米国企業の国際競争力が落ち込むことはなかったと思う。

だから私は、「理論的に戦略を組み立てるやり方」そのものがおかしいなどと言える根拠は何もないと考えている。彼らは走る方向を間違えたのだ。

こうした流れから我々日本企業が学びとれる教訓は、企業内にあまりにも強力で専門的な「企業参謀」グループを置くのは考えものだということだ。むしろ、参謀になれる人材をラインにつけ、また逆にラインの責任者には参謀の「智」が身につくようなポジションをある期間与える、といった考え方の方が大切だと思われる。

戦略理論を使わない日本のビジネスマン

それでは、米国で人気の出たポートフォリオ理論は日本企業にどのように受け入れられただろうか。七〇年代にボストン・コンサルティング・グループが伊豆の川奈ホテルで戦略セミナーを開くようになった頃、立て続けに三回も参加して熱心に勉強されていた有名な経営者もいた。

本も出版されてベストセラーにもなった。しかし、それだけで何となく一時のブームで終わってしまった感がある。日本ではプロダクト・ポートフォリオ理論は、米国のようにトップ五〇〇社の半分が採用して、それを使って長期戦略を動かしていくといった身近な存在には、とてもならなかった。なぜだろうか。

一つには、映画を見ているように善玉、悪玉をはっきりさせる、あまりにも明快な割り切り方が日本人に直観的な不安を覚えさせたように思う。経営はもっとドロドロしているはずなのに、こんなにすっきりしちゃっていいのかな……そんな感じである。

日本人は曖昧さを残しておかないとやっていけない。少なくともお互いにそう信じ合って生きてきた。当時のそんな日本の組織土壌に、あまりにも明快な戦略論をつきつけられて、かえって困ってしまったのではないだろうか。日本人はＹＥＳかＮＯ

かはっきり言わない国民だと、米国人に文句を言われたような感じだ。

特にポートフォリオ理論のように、「君の部門は金のなる木」「あいつの部門は負け犬」とやってしまっては、社内の誰がどんな顔をするか、想像するだけで気持ちが萎《な》えてしまったのではなかろうか。

だから、ポートフォリオを改造して、マッキンゼーのように3×3にして善玉と悪玉の中間ゾーンを作ったりすると、当たり障りがないようにそこに分類される事業が増える。大企業の硬直化した人事考課みたいに、最終評価がそこにいくように、細かい採点内容をうまく合わせて調整するような感じになりかねないのである。

もともと企業戦略論は、現実を「単純化」して問題の核心に迫るのが役割である。社内の人間であれば、こちらの顔を立てあちらの顔を立て、この問題は捨て切れないし、あれも大切だとグルグル考えを巡らす。しかし、優れた戦略論はそんなしがらみなどお構いなしに、単刀直入に問題の本質に切り込む。競争に対し勝つのか負けるのか、戦略論の目的はそこにしかないからである。

だから、日本でもトップのリーダーシップの強い会社や、オーナー経営の企業であれば、トップの指揮の下で戦略計画を立て、実行もトップダウンで行うことは非常に簡単である。

しかし日本の一般大企業の場合、そうはいかない。一部の熱心な役員やミドルがいくら戦略計画やプランニングの本を読み、あるいはセミナーに出て勉強しても、それを会社に戻って本当に使おうとした時、「おまえがどうしてそんな理論を振り回すのだ」と言われがちである。そうなれば、主張の矛先も鈍くなろうというものだ。

だから、そのような仕事が必要な時は、外部の権威ある専門家に頼めばいいということになる。それも、できるだけ社内のミドルを選別してタスクフォースを組み、「参加型」の戦略プロジェクトをやっていけば、社内のコンセンサスも得やすいというやり方が増えた。米国的なやり方とはあまりにも対照的な、日本的やり方である。

しかし、いくらこんなやり方をとっても、あるいはいくら日本でも戦略コンサルタントが繁盛して、マッキンゼーやボストン・コンサルティング・グループは仕事依頼が多すぎて断るぐらいだといっても、日本人の役員やミドルのなかで、こうした戦略作りに実際に参加し、考え方と実践を身につけた人の数はまだ絶対的に少ない。

だから日本には、読んだり聞いたりして戦略理論の知識は持っているのに、それを自分の仕事で使うことはほとんどないという、いわば耳年増のような「インテリ戦略マン」がものすごく増えた。実際に使ったことがないから、その本当の威力も分からない。ものすごい武器を持っているのに、試し撃ちをする場所がないのだから無理もないのだ。

それに、普通の人にとっては、戦略論ほどとっつきにくいものはない。出版されている本も信じられないほど分厚くて、最初の一〇ページで眠くなる。学者の書いた抽象的な理論をいくら読んでも、まるで加工食品みたいで、どうしても生の素材とは違うという感が否めないようだ。

実はプロの戦略コンサルタントでも、そのような本をこまめに読んでいる人は少ない。似たようなことを、手を変え品を変えてという本が多いし、実際のコンサルティングの作業はもっと手作りのオーダーメードでやるから、こういう本はあまり参考にならないからだ。

かくして、日本のビジネスマンの多くは、たとえ戦略理論を勉強したことがあってもなくても、その実践的価値をほとんど知らない。会社の現場レベルで、どれほど有効に使えるのか使えないのか、とことん確かめたことのある人は本当に少ない。

実践的戦略プロフェッショナルになろう

しかし逆に言うと、今日本で戦略理論をうまく使う人は、予想外の効果をあげることができる。大げさに構えて大企業の全社戦略にまでいく必要はない。子会社レベル、事業部レベル、営業部レベル、地域レベルなど、ある程度の組織単位を統括している人であれば、戦略セオリーの使える余地がたくさんあるのだ。

それも分厚い本に書いてある複雑にこね回した理論を考える必要はない。単純な

戦略ノート

基礎的セオリーを完全にマスターし、それを自分の判断やプランニングに忠実に使えば、時として目覚ましい効果をあげることができる。

周りがやらないのだから、こちらのやったことの効果が正直に出てきやすい。広川洋一の成功も、その典型のような話である。

企業戦略の基本セオリーは、どんな業界に飛び込んでも同じである。しかし、仮にいくら優秀な「企業参謀」がいても、あるいはいくら優秀な「戦略コンサルタント」を雇っても、それだけでは会社はうまくいかない。いつの時代も「優れた戦略」は「優れたリーダーシップ」と結びついてこそ、初めて大きな効果を生むからである。

企業参謀は自ら銃をとり前線に立ち、逆に、前線にいるマネジャーは、自ら戦略参謀になることが求められている。そこで問われるのは、あなた自身の実戦性、つまり戦場で「理論」と「実行」を結合できるかである。果たしてあなたは、実戦的「戦略プロフェッショナル」になることができるだろうか。

2

パラシュート降下

時間がない

広川が小野寺に入社を誘われてから半年がたった。

まだ残暑の厳しい九月のある日、広川は新日本メディカルの役員室に引っ越してきた。第一製鉄の出向辞令には、彼が新日本メディカルの常務取締役になることが記されていた。

いくら小さな投資先とはいえ、これが一年前なら、四〇歳にとどかない広川が関連会社の常務になることなど、第一製鉄が許すはずはなかった。

しかし、第一製鉄の社内の雰囲気は急速に変わりつつあった。

いくつかの新事業が、明らかにトップの人材の問題でうまくいっていなかった。

そこで、異業種へのこれからの進出は、自らやってみたいと手を挙げる**志願者のなかから選ぶ**のが最も良いとの認識が高まっていたのである。

もちろん、新日本メディカルの社長小野寺の強い要請が、最終的にはいちばんの決め手となった。

第一製鉄から見れば、新日本メディカルはまだ吹けば飛ぶような規模だが、今や第一製鉄の多角化戦略のなかで、重要なメディカル関連企業として位置づけられている。

第一製鉄の役員の多くが、この会社に広川が入っていって、いったい何が起きるのかと関心を寄せていた。

芝の大門にほど近いこのビルからは、午後の太陽に照りつけられた東京タワーが驚くほど近くに見える。カーペットの敷きつめられた常務室のクリーム色の壁に、赤いバラの油絵がかかっている。決して大きい部屋ではないが、小さな机一つだけだった第一製鉄に比べれば、広川はいっぱしの重役気分に浸った。

小野寺が書類を片手に、汗をかきながら広川の部屋に入ってきた。

「どうです、広川常務、新しいオフィスの居心地は。私も責任を感じるなあ。これからよろしくお願いしますよ」

広川の立場が変わっても、小野寺の言葉遣いはていねいであった。

小野寺は話題を変え、一枚の紙を広川に手渡した。

「広川常務にまず何をしてもらうかなんですが、米国のプロテック社から今朝メールが入りましてね」

さっと目を通した広川の顔が曇った。

「これは、早く対応しないとまずいですね」

プロテック社の副社長、スチール氏がこの前日本に来た時もかなり真剣な表情で、新日本メディカルの経営姿勢を問いただしてきた。

小野寺がこれからの対応を至急検討すると約束すると、スチール氏はよろしくといった風情で帰って行ったのだ。

事業のバランス

広川はメールを見ながら言った。

「しかし社長、この文面だと、先方がとりあえず問題にしているのは、ジュピターへの取り組みだけですね」

プロテックの主力商品は臨床検査薬といわれるもので、病院で患者の血液や尿などを検査する時に使う検査薬のことである。

ジュピターというのは、プロテック社が出してきた新製品だ。

これまで人の手によってやっていた検査を自動化できる、画期的な性能の機械だということだ。

彼らの説明では、ジュピターは米国とヨーロッパではどんどん売れ出しているという。

「確かに、あの機械の売上げはサッパリ伸びない。発売からもう一年も苦労しているんですが……」

広川にはプロテック事業部のことばかりでなく、会社の先行きについて別の心配もあった。

これまでかなり高かった会社全体の純利益率が、このところ少しずつ下がってきているのである。原因ははっきりしている。

医療機器事業部で、製品の値崩れが目立っているのだ。今年の売上高は約二七億円、前年比で三〇%を超える伸びを見せながら、利益は一%しか増えそうもない。

市場での競争が年々激化する様相を呈しているのだ。

だから、医療機器事業部の強化も急がねばならない。放っておくと、会社全体がとんでもない苦境に陥る可能性もある。

何となく、会社のなかの**事業バランス**が崩れてきているような気がする。

「社長、医療機器事業部はこのままいくと、二、三年で赤字部門になりかねませんね」

「そうです。何か**勝ちのパターン**に乗り切れていない。そこへきてこのプロテックの問題が出てくるとは」

実際のところ、ここでプロテック社との関係が切れてしまったら大変なことになる。

仕事の優先順位

経営トップが使える「時間」には、限りがある。

会社の大小にかかわらず、攻めの経営をする時の最も貴重な経営資源の一つは、しばしば**経営トップの時間**である。

忙しくなれば会社全体から見て何が大切なことなのか、見失う可能性もある。だから広川は今のうちに、自分の**仕事の優先順位**（プライオリティ）をはっきりさせ、社長と合意しておこうとしているのだ。

広川の見るところ、とりあえずプロテック事業部の業績アップに走るのも悪くない。というのは、プロテック事業部の粗利益率が抜群にいいから、会社の収益性を短期的に上げるには、速効性があるからだ。

今年の売上げ予定は八億五〇〇〇万円ほどと少ないが、粗利益率は七九％もある。こう見ると、いかにもボロ儲けのように見えるが、必ずしもそうではない。**少量多品種**の典型のような製品だからである。

流通費用や在庫負担が大きく、また厚生省から販売承認を得るための費用も品目ごとにかかってくるから、経費を差し引くと純利益はそこそこしか出ないのである。

しかし、これを逆手に取ることができれば、面白いことになる。

つまり、もしこのような製品群のなかに、たとえたった一つでも、大当たりの人気商品を作り出せたら、粗利益率が高いために会社全体の利益はたちまちにして急増するだろう。

「社長、もし医療機器事業部の売上高をあと一〇億円増やすことができたとしても、会社の純利益はせいぜい五〇〇〇万円増えるだけです」

「経費増を考えれば、そんなものだろう」

図2-1 新日本メディカルの決算

(百万円)	昨年度	今年度(見込)	伸び率
医療機器事業部			
売上高	2,090	2,738	31%
売上利益	1,024	1,177	15%
(粗利益率)	(49%)	(43%)	
経費	836	987	
営業利益	188	190	1% ← すさまじい過当競争
(営業利益率)	(9%)	(7%)	
プロテック事業部			
売上高	764	849	11%
売上利益	605	671	11%
(粗利益率)	(79%)	(79%) ← 抜群の粗利益率	
経費	451	501 ← しかし経費もかかる	
営業利益	154	170	16%
(営業利益率)	(20%)	(20%)	
全社計			
売上高	2,854	3,587	26%
売上利益	1,629	1,848	13%
(粗利益率)	(57%)	(52%)	
経費	1,287	1,488	
営業利益	342	360	5%
(営業利益率)	(12%)	(10%)	
間接部門経費	198	220	11%
税引前利益	144	140	−3%
(純利益率)	(5%)	(4%)	

「もしプロテック検査薬の売上高を同じ一〇億円伸ばせば、経費増を考えても、純利益は五億円以上増えます」

五〇〇〇万円と五億円の差は、単純に**粗利益率の違い**からきている。

広川は、ビジネス・スクールの教授から、米国の**ベンチャー・キャピタリスト**がリスクの高い投資をする時に、その事業の粗利益率を非常に気にすると聞いていた。

粗利益率の低い事業は、働いても働いても、利益が出にくい。しかも、赤字になる時は簡単にそうなってしまう。

粗利益が低い原因は一つしかない。コストに比べて、十分に高い価格がつけられないからだ。なぜ価格を高くつけられないかと言えば、単純な話で、**お客の認めてくれる価値**がそれだけしかないからだ。そんな事業は、コストを画期的に下げられる見通しがない限り、**構造的に魅力のない事業**である可能性が強い。

だから、**なけなしの経営資源**を粗利益率の低いプロジェクトに注ぎ込んでしまうのは、絶対に要注意なのである。

「社長、医療機器事業部は今、剣が峰に来つつありますから、ここで手を緩めたら**負け犬**になりそうな気がします」

「そう。しかし、プロテックの問題も社運がかかっている。広川常務、医療機器事業部の方は私が引き続き頑張りますから、あなたはまずプロテックをどうすればいいか、戦略を立ててください」

社員の士気

新日本メディカルの社員は一二〇名ほど、そのうち半分は地方の営業マンである。したがって東京本社には約六〇名の社員がいる。小さな会社だが、大企業の子会社や関係会社にはこれぐらいの規模の会社はざらだ。そこに広川は、一人パラシュートで舞い降りてきた心境だった。

顔見知りの者は何人かいたが、外部から常務取締役としていきなり入ってくるとなれば、話は違う。部課長たちはもちろん女子社員たちまでもが、広川の動きをいつも目の端にとらえ、聞き耳を立てていた。

新日本メディカルの特色の一つは、社員の平均年齢が低いことだった。どこの部も、中核は三〇歳前後の社員だった。営業部も人数的には二〇代の後半が最も多い。

もし新日本メディカルに高齢の、いわゆる古ダヌキが多かったなら、広川はこの会社に来ることを迷ったかもしれない。

「東郷君、ちょっと」

小野寺に呼ばれて、若い男が入ってきた。

広川も前からよく知っている男だ。

プロテック事業部の営業企画課長、三三歳。

笑うと人なつっこいことこのうえない。リーダーシップがあるのだが、今のところそれは、夜の遊びに若い社員を引っぱり出すところに使われている。

「知っての通り、広川さんが常務で来られた。まずプロテック事業部を見ていただくから、君、教えていただきながら、しっかりやってくれ」

広川が挨拶すると、東郷は若いくせにやたらと深いおじぎをしてから、ニコリと笑った。

この瞬間から、東郷が生まれてこのかた経験したことのない、とんでもない激変の一年間が始まったことを、彼はまだ知らなかった。

とにかく、急いでプロテック事業部にめどをつけ、医療機器事業部の戦略の見直しにも早く手をつけないといけない。

関係者への挨拶回りもそこそこに、広川はプロテックの仕事にとりかかった。

まずはオーソドックスに**現状分析**から始めなければならない。

何となく気がかりなのは、プロテック事業部の**社員の士気**があまり高いとは思えないことだった。

同じ事務所のなかで、医療機器事業部の社員は**血の出るような競争**に明け暮れている。それを横目に見ながら、プロテック事業部の社員はどちらかというと他人事のようにしている。

営業マンが二、三人、昼間から社内に残っていることもある。

何をしているのだろうか。

電話がガンガンかかってくるわけでもなく、オフィス全体が何となく静かだ。

ユーザーも競争企業もそれだけノンビリした市場なのだろうか。

それでこんなに利益が出ているのなら、もっとやれば業績は目を見張るほど伸びるかもしれないと広川は思った。

社内データの掘り起こし

東郷の話

「君、広川さんに教えていただきながら、しっかりやってくれ」

社長にそう言われた時は、複雑な心境でしたよ。

何を教えてもらうのかな、という感じです。

私は広川さんの顔は以前から知っていました。

小野寺社長がずいぶん頼りにしているようでした。

しかし、まさか常務になって、しかもいきなり私の上司になるなんて考えてもいませんでした。

だって、私たちの商売のことなんか、何も知らない人でしょう。先週まで鉄鋼会社にいたんですから。

冗談じゃないですよ。

会社のなかはえらい騒ぎです。

翌日、さっそく広川常務に呼ばれましてね。

「東郷君、プロテック社から大変な難問をふっかけられているのを知っているね。あと一カ月でこの問題をどうするか、対策を立てたいのだ」

「はい」

「私はこの分野では全くの素人だから、君が頼りです。よろしく頼みます」

素人だと言いながら、この自信はどこからくるのかな。

とにかく、小野寺社長と全く違うんだよね。

広川常務はいきなり白板の前に立って、赤いマーカーでこう書いたんですよ。

業績 ↓ 市場の規模・成長率 ↓ 競合 ↓ 当社の強み・弱み

プロテック事業部の内容をこの順序で説明しろと言うんです。

そんなこと急に言われたって資料はそろっていないし、知りたいポイントが何なのか分からない。

私がモタモタしていたら常務がこう言うんです。

「じゃあ、**ワークショップ・スタイル**でやろう」

「それ何ですか」

「手元の資料を全部、机の上に積み上げてくれ。それを一つひとつ、二人で議論しながら整理していくんだ」

これで一週間缶詰めです、毎日夜中まで。

飲みに行く約束なんか全部パーですよ。

やたらに張り切った人が来ちゃったんです。

プロテックの市場ポジション

広川は東郷とまずプロテック事業部の最近の業績を整理してみた。

広川にとって、プロテックの分野はこれまで全く未経験。臨床検査薬という言葉の意味さえ分からなかった。しかし、この二年間の新日本メディカルとのつき合いで、メディカル商品が一般のイメージほど難解なものではないことは十分知っていた。

少なくとも、製品戦略を立てる時に考えなければならない**競争のメカニズム**は、製品がたとえメディカル関係であろうが、あるいはチョコレートや化粧品のような一般消費者向けの商品であ

図2-2　プロテックの製品売上高

（百万円）	昨年度	今年度	伸び率
製品群A			
a. 旧タイプ	268	286	7%
b. ジュピター（含機器）	0	59	∞
	268	345	29%
製品群B	73	80	10%
製品群C	68	62	(9%)
製品群D	185	165	(11%)
製品群E	170	197	16%
	764	849	11%

カギを握る戦略商品

ダメ商品

ジュピターのおかげで成長維持

ろうが、基本的には同じであると広川は信じていた。

プロテック事業部全体の売上高は対前年比で一一%伸びている。

悪い点を先に見ると、製品群CとDの売上高が相当落ち込んでいる。

東郷の話では、これらの製品群は技術的に古くなっており、売上高が今後さらに減少していくことは免れない見通しだという。

特に金額の大きい製品群Dは、他社が全く新しい診断手法を開発したため、プロテックの検査薬は**技術的に陳腐化**し、売上高は急速に落ち込むことが予想されるという。

しかも、これに対抗しうる**代替技術**をプロテックが短期間で開発するのは、プロテックの社内技術の現状では非常にむずかしいというのだ。

つまりプロテックは製品群C、Dの分野で世界的に敗退しつつあることになる。

こうしたいわゆる「負け商品」に対し、製品群A、B、Eの三つの分野では、売上げはよく伸びている。特にいちばん有力な製品群Aは対前年比二九%の伸びである。この分野は、落ち込んでいく製品群C、Dを補うための戦略製品と見なされている。

ジュピターは、そのために米国のプロテックの技術陣が心血を注いで開発したものである。もしこの商品の販売拡大が成功しなければ、プロテック全体の今後の成長はあり得ない。

確かに、広川がよくよく見ると、製品群Aの売上高の伸びは、今年に入ってからの新製品ジュピターの導入に助けられている。

しかし、これはおかしいなと広川は思った。

製品群Aには旧タイプの商品と、それに取って代わる新製品ジュピターの二つがある。もしジュピターがなかったら、製品群Aの伸びは七%しかなく、プロテック事業部全体としての伸びも、わずか三%しかなかったことになる。

まるで事業部の将来が、すべてジュピターに頼り切るような図式になりつつあるのだ。

戦略プロフェッショナルの要諦❸ 本質を突いた現状分析

幹部研修の場で「広川洋一が着任後、最初にすべきことは何?」と尋ねると、受講者の多くが、即座に「現状分析!」と答える。だったら次に「どういう切り方で、何を、どう分析するの?」と聞いた途端に答えは止まる。最初の答えに中身がないのだ。無理やり答えさせると、幼稚な手法のオンパレードだ。

分析のための道具(フレームワーク)を持たずに、分析まがいのことをやれば、そのあとに続く方針・戦略、行動計画のすべてが甘くなる。やらない方がマシだったと言われる失敗改革では、出発点になる現状認識が本質を突いていなかったというケースが圧倒的に多い。だから打ち手を間違えたのだ。広川はフレームワークを次々と提示し、現状と照らし合わせて問題点を絞り込んでいく。戦略プロフェッショナルのウデはフレームワークの引き出しの多寡で決まる。

広川と東郷は、プロテックの最近の業績を整理したあと、市場全体がどう動いているかを見ることにした。

病気を正しく判断するためには、体の状態をさまざまな角度から調べなければ結論が出せない。そのため臨床検査にもいろいろな種類がある。

日本の国民医療費のなかで、血液や尿などいわゆる検体検査といわれるものの市場は、一年間で一兆円余りと推定される。このうち検査薬の市場は二〇〇〇億円ぐらい。

「この業界で大手の企業はどこだい」

「それが常務、頑張っているのはどこも中堅か小さな会社ばかり、それに外資系です」

「日本の上場企業クラスはないのか」

「この分野の専業という大企業はありません。三菱化学、第一製薬、協和発酵、帝人、東洋紡……、参入メーカーはたくさんありますけど、実際にやっているのは子会社か、ほんの小さな事業部です。大企業が専業でやるほど、市場が大きくないのだと思います」

「彼らと、まともに競争になることはないのかな」

「当社ではなかったですね。一つひとつの品目が細かくて、大企業はあまり力を入れているようには見えません。海外との提携は多くなっていますが」

もしそうなら、新日本メディカルがこの分野でさらに大きくのし上がれるチャンスは十分にある。

今後、臨床検査の市場がどれくらい伸びるのかは二、三の調査機関が予測を出しているが、内容がバラついていてあまり信用できそうもない。

それでも広川と東郷は、多分、年率一〇％くらいで伸びるだろうという予測に落ち着いた。

むしろ問題は、全体市場よりも新日本メディカルが関係している分野の成長率だ。

心強いことに、新製品ジュピターの市場の伸びは非常に高く、ある調査機関がこの先二年ほどは、平均で三四％も伸びるだろうとの予測を打ち出していることが分かった。

「これまで毎年、成長率が高くなってきているね」

「そうなんです、常務。この商品はわが社の柱になっています」

「成長率はこれからもどんどん上がっていくのかな」

「いえ、今までの経験だと年に三割以上も市場が伸びるなんてことは、本当に珍しいんです。なんか怖い気がしますよ」

どうやら、**プロダクト・ライフサイクルの成長期のど真ん中**にかかってきているような感じだ。

広川は、この流れに新製品ジュピターが乗れば、プロテックの売上げは相当増えても当然だと思った。

その次に、広川たちは競合分析に進んだ。

社内のマーケティング情報は散在していたが、それを一つひとつ寄せ集めていくと、作業を始めて二日目にはマーケットシェアのデータが整理できた。

図2-3 マーケットシェア

製品群A

1. ドイツ化学	63%
2. プロテック	20%
3. 中国試薬	6%
3社　計	**89%**

戦略商品だが弱い二番手

製品群B

1. プロテック	34%
2. 山田産業	34%
3. 九州試薬	10%
4. スタット	5%
4社　計	**83%**

強いがダントツではない

製品群E

1. 中国試薬	32%
2. プロテック	31%
3. ワシントン	18%
4. 第三化学	6%
4社　計	**87%**

売上高の伸びている製品群A、B、Eの市場では、プロテックは一位か二位のシェアを占めている。

製品群Aの分野では、プロテックは日本の市場で第二位の地位にあるが、一位の欧州総合化学企業、ドイツ化学に大きく水をあけられている。同社は、日本でプロテックの三倍以上の販売量で圧倒的に強い。

これに対して、プロテックは新しい技術ジュピターで、この牙城《がじょう》を崩そうとしていた。ドイツ化学は、まだジュピターと同じ商品を開発していない。依然として旧タイプの商品だけでプロテックに対抗しているのだ。

しかし新製品発売から一年、プロテックはわずか七台のジュピターを売っただけで、ドイツ化学の壁を突き破るにはまだほど遠い状況にいる。

問題は、プロテックが一位か二位といっても、圧倒的に強いという分野は一つもないのだ。これでは、プロテック社が歯ぎしりするのもうなずける。

ジュピターの技術優位

広川の見るところ、新製品ジュピターがプロテック事業部の市場ポジションを飛躍的に改善できる救世主である可能性は強いと思われたが、今のところ、その千載一遇のチャンスは見過ごさ

図2-4

	旧タイプ	新製品ジュピター
検査所要時間	2～3日	2時間
データの処理	人がグラフを描いて分析する	機械が自動処理
検査の再現性	やるたびにばらつく	より正確に同じ値がでる
データの読み取り	人が目でやる	自動化で大量処理可能

れたまま、広川たちの目の前をただ通り過ぎようとしていた。

ドイツ化学や日本の競争メーカーが同じようなものを出してきたら、プロテック事業部が青空に飛び立つ**チャンスの窓**は、またピシャリと閉じられてしまう。

こんなチャンスは、この先一〇年待ってもまた来るか来ないか分からない。

広川は東郷に、ジュピターのことを分かりやすく説明するように求めた。

「人間の体には抗原抗体反応というのがあって、それを利用して患者の血液を調べるとどんな病気にかかっているかが分かります。ジュピターは、そのなかでG物質というものを計測するものです」

「そのG物質とやらで何が分かるんだい」

「この表を見てください。検査の値が健康な人よりも極端に低ければ、リンパ性白血病とかネフローゼなどが疑われます。高ければリューマチ、肝硬変などの疑いがあります」

「なるほど。それで新製品ジュピターは何が画期的なのかな」

「ジュピターはG検査を自動化して、たくさんの患者の血液を一度に検査する機械です。これまで使われていた旧タイプは、機械は使わずに、お皿のような形をしたプラスチック盤の上で手を使って検査をしていましたから、やたら手間がかかりますし、検査の正確さに問題がありました」

東郷は旧タイプと新製品ジュピターの性能比較表を見せた。何やら難解な言葉がたくさん書いてあるが、広川が素人の自分に分かるように整理してみると表のようになった。

こう整理してみれば、ジュピターの有利性は明白である。より正確なデータをわずか二時間で出せるとなれば、患者治療の観点からも重要なシステムになると思われた。

広川は、きのうある営業マンが広川に面白いことを言ったのを思い出した。

現在のG物質の検査は、医者にとっては、「ついでにしかやらないおまけの検査だ」というのである。旧タイプのものはどんなに急いでも、依頼してから二、三日たたなければ結果は返ってこない。興味のある検査だが、ノンビリしすぎていてあまり頼む気がしないというのである。

ジュピターが医者のこの固定観念を打破できるかどうか。

ジュピターのこれまでの営業成績は貧弱であったが、こうしたメリットに加えて経済性が引き合えば、旧タイプからジュピターへの切り替えは相当あってもおかしくないはずだと広川には思われた。

しかし良いことばかりではなさそうだった。

「価格が引き合えば、誰でも興味を持ちそうだね」

「そこが問題なんです。というのは、旧タイプの検査薬は人が手でやっていましたから、機械を必要としなかったのですが、ジュピターでは機械への投資が必要です」

「ジュピターはどんな価格なの」

「いちばん単純な機種で四五〇万円、自動化オプションをつけると七三〇万円、近々に出揃う高度自動化オプションをつけると一二五〇万円です。これだけのお金を新たに投資できるかどうかという疑問で、どうも引っかかるケースが多いようです」

競合の認識

再び、東郷の話

毎日夜遅くまで働いて大変でしたけど、社内にこんなに**データが埋もれている**とは知りませんでした。

広川常務に何か聞かれると、答えられないことが多過ぎました。

それで、二人で情報を整理していくと、常務の質問の意味が分かってくるんです。

常務に言われましたよ。

「その気になって見れば、情報は目の前にたくさんあるのさ。それに**意味をつけて、社内に発信**してくれる奴《やつ》がいるかどうかだ」

これまでファイルにしまい込んでいた書類から、私が思いもよらない解釈が次々出てくるんで、私としてはちょっとショックでしたね。

それに毎日、朝から晩まで、「競合」という言葉を言われ続けました。

今まで、そんなに深く競争相手のことを分析したことはありませんでした。

これとこれは「負け商品」なんて、はっきり言われるとドキッとしますよ。

社内じゃその製品の担当者が結構威張っていたりするんで、あいつ、これ聞いたらどんな顔するのかな。

それにしても、あの指摘には参りましたね。

「どうもおかしいな。東郷君、君たち営業は本当にジュピターの拡販に走っているのかな」

「もちろん皆頑張っています。どうしてですか」

「だって君、ドイツ化学の製品群Aの売上高はここ数カ月どれぐらい伸びていると思う」

「さあ、そんな新しいデータはないので……」

「君が客先を回っている感触ではどうだい」

「市場全体の伸び率近くにはいっているでしょうから、我々と同じ二九％ぐらいではないでしょうか」

「先方はまだジュピターと同じ製品を持っていないのだから、彼らの売上高は全部、旧タイプということになるね」

「当然そうなります」

「おかしいじゃないか、うちの旧タイプは七％しか伸びていない」

「でも、ジュピターを加えれば、当然うちも負けてはいません」

「そこがおかしいと思わないか」

私がけげんな顔をしていると、常務はこう質問してきたんです
「プロテックの営業マンはジュピターを売るために、自分たちの顔が利くプロテックのお客さんのところに売り込みに行っているだけではないのかい」

「はあ……」

「ジュピターは売れたけど、その分だけ自社の旧タイプ品が売れなくなっただけさ」

新製品と既存製品の切り替え時によく起こる典型的現象が出ているのではないかと、常務は言うんです。**カニバリゼーション（共食い）**とか呼んでいましたね。

確かに、すでに納入した七台は全部、以前からのプロテックのユーザーに行っていました。

そこですぐに調べさせたら、どこの病院もジュピターを納入したとたんに、旧タイプの注文はゼロになっている。

そうなるのは当たり前なんです。

新しい機械が入ったら、誰だって古くて取り扱いの面倒な製品は買わなくなりますから。

「これじゃ、この千載一遇のチャンスを生かせないね。そのうちドイツ化学だってジュピターと

同じものを出してくるだろう。それまでの間に、せいいっぱいドイツ化学のお客さんにジュピターを売り込まなけりゃ、拡販効果が出てくるわけないだろう」

途中から、全国営業統括課長の福島も作業に加わりました。

彼も、この議論にはグーの音も出ませんでした。

「後発企業である我々が、他社の持っていない画期的な新製品をたまたま手にした。彼らだって必死で追いかけてくる。勝負できる期間は限られているんじゃないのか」

「その通りです」

「日本海海戦みたいなもんだ。こっちが主導権を握れる**千載一遇のチャンス**ではないのかな。とにかくドイツ化学のお客さんをねらうんだ」

「はい」

そう返事をしましたが、正直なところあまり自信はありません。

営業マンはどうしても、行きやすいところを訪問したがりますからね。

何か具体的な計画を立てないとダメだと思います。

ほかにも、広川常務は新しい考えを投げてきました。

作業を始めてすぐの頃、常務はこれとこれは「負け商品」とか言われたので、私は内心何でそんなことが言えるのかなと、少し不満というか、疑問だったんです。

そしたら昨日になって、それを確認しようということになりましてね。

「東郷君、**プロダクト・ポートフォリオ**って聞いたことあるかい」

「さあ、前にどこかで聞いたような……」

「単純明快でね。営業戦略に使うと面白いからやってみよう」

常務に教えてもらって分かったんですが、自分の事業が負け戦をしていれば、その事業の位置づけはポートフォリオ・チャートの上で右へ右へと動いていきます。逆に強くなっていれば、左の方向へ移動します。そこで我々もプロテックの製品群について二つのポートフォリオを作ってみたんです。一つは現時点、もう一つは五年前。

二つのチャートを比べたらびっくりしました。

この五年間に左の方向に動いた製品群、つまり競合より強くなっている製品群がなんと一つもないんです。

ショックでした。確かに、うちには決定的に強いという分野が一つもないんですよ。

例えば製品群Aなんか、プロテック事業部の**看板商品**のつもりでしたけど、ポートフォリオ分析で見たら常務の言う通りで、ドイツ化学から見れば大した競争相手ではないでしょうね。

私はジュピターがこれまで七台売れたのも、そう悪い線でもないと思っていたのですが、何とねえ。常務の解釈ですと、製品群Aは成長率が高いので、ここで手を抜いたら一気に負け方向に動くというんです。

私にしてみれば、これは青天の霹靂《へきれき》というやつです。

だって今まで結構、ちゃんとやってきたつもりでしたから。

こんな具合に、まあとにかく勉強しましたよ。

それにしてもはっきりしてきたのは、我々の今までのやり方が十分でないし、このままでは市場ポジションが危ないということです。

朝から晩までこれだけ「競合」のことを言われれば、耳について離れませんよ。

来たばっかりの常務にケムに巻かれたみたいな感じがしないでもありませんがね、ハハハ。でもあの人、門外漢だとか言いながら結構いいところを突いてくるんです。

戦略プロフェッショナルの要諦❹

社員の素直さと組織の政治性

広川洋一の矢継ぎ早の切り込みに対して、東郷の態度がかなり従順だと感じる読者は多いのではないか。実は幹部たちの「素直さ」は、革新的戦略が成功するかどうかを大きく左右する。過去に改革失敗の痛みを経験している企業では、新たな改革者の登場に対して斜に構える者が多い。彼らを追い詰めれば、組織の政治性がうごめき始める。戦略性は昼間に表玄関から出入りするが、政治性は夕方五時以降に暗い裏口から出入りする。

一方、過去のネガティブ経験が少ない会社では、社員は不安を感じつつも、概して素直である。「チャンスが来た」と前向きにとらえることも多い。皆は「正しい、正しくない」の議論に従い「とにかく、やってみよう」となる。その雰囲気が政治性を封じ込める。

戦略プロフェッショナルを目指すあなたが、政治性の強い組織で働く場合の対処法は何か。まず言っておくが、自分も政治性で対抗したら同じ穴のムジナになってしまう。あなたが頼りにする武器は、あくまで戦略的手法が生み出す力だ。客観的事実、抵抗者がぐうの音も出せないデータの裏づけ、明快な論理、正直で裏のない会話、社内よりも「競合と顧客」の論理、などに徹することが重要である。

だんだん彼のやり方が分かってきたんですが、ものすごくセオリーにこだわるんですよ。「普通はそんなことにはならない」「セオリーでは、こうなるはずだ」というふうに見ていって、外れたことを見つけると、そこからガーッと入っていくんです。

それでわいわいやっていると、確かに今までの考え方がおかしいのが分かったりするんです。今までの我々のレベルが低すぎたのでしょうかね、ハハハ……。

昨日、久しぶりに部下を飲み屋につれて行って、常務の受け売りで「競合」の話をしてやったら、みんな「キョーゴウ」で駄洒落《だじゃれ》を言ったりふざけたり、賑やかでしたよ。

この言葉、しばらくは社内で流行しそうですね。

彼らも結構、私と常務のやっていることが気になるらしいです。

目を外に向ける

東郷と福島は意外なほど早く広川のペースに乗ってきた。

広川が社外から来たことについては、互いの思惑や利害、人の好き嫌いなどの感情が入ってくるから、トラブルが起きてもおかしくはない。

しかし、そんな気配が全くなかった。

一つには彼らが若く、素直だったことである。

そして彼らが、長いこと無意識の内にリーダーシップを渇望していたこともある。

そうした状況のほかに、広川の方にもそれなりの考えがあった。

なまぬるい会社に共通した特徴は、**社員のエネルギーが内向**していることである。

個々の社員は真面目なのに、全体として何となく士気の低い企業はよくある。会社がそうなってしまった原因は、必ず社内のあちこちにうずまいている。

「お客様」と「競争相手」に対する意識が薄く、もっぱら**自分たちの都合**がまかり通っていることが多い。

広川は、そうした社内のモヤモヤしたゲームに参加することだけはなんとしても避けたかった。広川が彼らと同じ考えに染まってしまったら、外から来た意味がなくなってしまう。何とか社員のエネルギーを外向させなければならない。

広川は初めから、社員の目を社外の「競争」に向けさせ、彼ら自身がいい仕事をしているのかどうかを**自ら考え、自ら判定**させるというやり方をとりたかった。

たとえその結論が彼らにとって悪い内容であっても、それを社内の誰のせいかと責めることはしない。この先どうすれば良くなるかを、**なぜ、なぜ、なぜ**と考えさせていくと、皆にはそれが他人事ではなくなってくるのである。

広川は、そうやって社員の意識とエネルギーを束ねられないかと考えていた。

戦略ノート

シェア・ポジションは固まったか

競争相手の存在を忘れるなと言えば、そんなことは当たり前だと思うだろうが、実際にいつも競争相手のことを考えながら仕事をしている人々は、驚くほど少ない。

もしあなたが東郷や福島のレベルが低いと思ったなら、あなたはいい会社に勤めているのかもしれないが、職場の周りを見渡せば、世の中、実はこんな話でいっぱいだ。だからこそ、戦略的に動く人が事業を伸ばすことができるのだ。

「戦略的判断」とはいったい何だろうか。ケースのなかから例を挙げてみよう。広川はプロテック事業部の製品群Aは、今プロダクト・ライフサイクルの成長期のど真ん中にあると判断した。これは戦略論の観点からどのような意味を持つのだろうか。

その段階でドイツ化学はすでに六三％の圧倒的なシェアを押さえてしまった。これだけ聞くと、いかにも負け戦が確定したかの印象を持つ人も多いことだろう。あなたの場合はどう解釈するだろうか。内心、「ここまできたら、もうむずかしい」と思っているのか、それとも「まだまだこれからだ」と思っているのだろうか。

組織のトップの身になってみれば、感覚的にどちらの見方をするかでこれからの動きが全く違ってくる。こんな小さな判断が、まさに「戦略的思考」の分かれ道だ。あなたの方針一つで、あなたの指揮する船が、戦艦のようになったり、ただの釣り船になったりする。ここをどう読んで、この先、部下たちに対してどんな姿勢で臨むのか、あなたの戦略的センス、見識が問われるのである。

理論的な答えを先に言えば、プロダクト・ライフサイクルのセオリーは広川に対して、「まだまだこれからだ」と示唆している。この市場が今成長期の前半にある限り、競合関係は安定していない。マーケットシェアは依然として流動的である。

しかもジュピターは革新的な新製品だから、プロダクト・ライフサイクルの新しいカーブの上を、先頭を切って走り出す。うまくゆけば既存製品を陳腐化させ、「ご破算で願いましては……」と、現在の市場地図を新たに書き直させてくれるかもしれない。

それに加えジュピターは輸入品だから、広川にとって、生産設備や研究開発への投資が、この先の戦略展開上の制約条件になっていないことも幸いしている。

しかし、シェアをひっくり返すのに要するエネルギーは、この先、時間がたつほど増えていく。だから急がなければならない。プロダクト・ライフサイクルのセオリーからは、こんな読みが可能である。

事業の赤字に対してどのような態度をとるかというのも、経営者の戦略センスが凝縮して問われる。

事業が赤字状態でも、それが成功するために当面必要な赤字であれば、「良性の赤字」だから問題はない。しかしそれが、追いつめられて血を流しているような「悪性の赤字」なら、その出血を止めるためのアクションをすぐにとらなければならない。もちろん「良性の赤字」も、その会社がその時点で耐えられる赤字の限度を超えていれば「悪性」になる。

つまり赤字という現象一つをとっても、それでいいのかどうかは、戦略的な解釈が絡む。実はここにも、プロダクト・ライフサイクルのセオリーが関係している。

あなたが解釈を取り違えるとか、我慢が足りなくて間違った方針を打ち出したら、経営者としては失格である。だからそうした判断をできるだけ正しく実行するためには、正しい「戦略判断のツール」をあらかじめ持っていないとまずい。それが戦略理論である。

失敗にはパターンがある

私はシカゴから日本に戻り、米国バクスター社の日米合弁会社に送り込まれて代表取締役となり、その五年後には、倒産寸前だった小さなベンチャー企業を大塚製薬の下で再建する仕事を行った。私はこの二社で、企業経営に直接携わる仕事に、合わせて一〇年近くかかわった。

二つ目の会社が元ベンチャー企業だったことがきっかけになって、この会社を立て直した後には、投資資金六〇億円で将来有望な企業を育成するための、ベンチャー・キャピタル会社の社長となった。この仕事では日本や米国のベンチャー企業の栄光と破滅のドラマをたくさん見た。

何といっても、戦略の成功と失敗の結論が短期間のうちに出るのは、ベンチャー経営の世界である。

コンサルタントとベンチャー・キャピタルの大きな違いは、前者は仕事をすればお金がもらえるのに、後者は仕事をしたうえにお金を失うことが多いということである。それだけに、ベンチャー・キャピタリストの仕事は真剣勝負である。

米国のベンチャー・キャピタルには、この前までアップルコンピュータのナンバーツーだった人とか、半導体メーカー、インテルの事業部長として同社の売上げの半分に責任を持っていた人とか、ものすごいキャリアの事業家たちがゴロゴロいる。

彼らは戦略セオリーをよく知っているだけでなく、投資先の技術レベルの評価、経営陣や社員の質、社長の性格や周囲の評判、その他さまざまな要素をロジックとカンの両方で追いかけ、最後にお金を出すか出さないかエイヤッと決断をする。とにかく選択を間違えると、機関投資家などから預かった資金を、一件数億円の単位で失うことになるから大変である。

彼らは、企業家から送られてくる事業計画が、例えば年間二〇〇〇件あると、そのなかから審査で二〇件ぐらいを選んで資金提供を行う。一〇〇件に一件の割合だ。残りの一九八〇件の事業計画はゴミ箱行きだ。

彼らが投資を決める時は、経験とカンとロジックに照らして、その会社は絶対うまくいくと固く確信して資金を出す。ところが実際にうまくいくのは、選ばれた二〇件のそのまた半分以下というのが米国での平均打率だ。それくらいベンチャー投資はむずかしい（そうでなければ、驚異的な投資集団が出現することになる）。世の中の経営的な職業のなかでも、最も総合的な経験と判断力を求められる職業だと思う。

彼らに、新しく投資をする時の判断の決め手は何かと尋ねれば、平均的に返ってくる答えは、だいたい次のようなものである。

(1) まず第一に、その会社の経営陣。社長は人材として一流か。異なった分野の人々がうまく組み合わさっているか。彼らの過去の実績は。

(2) やろうとしている事業が成長分野かどうか（市場の伸びがない分野で新企業が成功するのは至難）。

(3) その市場のなかでユニークさがあるか（競合に勝てるのか）。

社長の質が最初に取り上げられているところがポイントである。本当に仕事のできる経営のプロが集まっているのかが問われているのだ。人によっては、これが一位から四位まで占めるぐらい重要で、次の要素は五位以下などという言い方をする人もいる。

今あなたが内容の似ている二つの投資先候補のうちから、一つだけを選ばなければならないとしよう。一社は社長の評価がA、技術の評価はB、もう一方が社長はB、技術がAだとする。あなたならどちらの会社に資金を提供するのか?

もちろん程度問題であるが、一般論としては社長の評価がAの方に投資をする方が賢明だと多くのベンチャー・キャピタリストは言う。

社長がAなら、彼は自分の会社の技術がBであることを理解する。だからそれなりの対策や戦略を組むだろう。評価Bの社長はどこで判断を間違えるやら分からない……単純に言ってしまえば、そんなロジックなのである。

この議論は、ベンチャー経営のように事業リスクが濃縮された環境では、経営トップの「戦略意識」が成功を勝ちとるための絶対不可欠な要素であることを示している。

苦境に陥った企業の立て直しでも同じことが言える。広川が飛び込んでいった新日本メディカルも、同じような人材を必要としていたのである。

競合ポジションの仮説を立てる

もしあなたが広川洋一と同じように、どこかの会社に経営者として入っていくことになったら、あなたはその会社がどのような問題を抱えているか、早く見きわめたいと思うだろう。

戦略的な観点からは、その会社が世の中の競合に比べて、いい勝負をしているのかどうかがカギである。社内だけを見ていくら良さそうに見えても、市場で競合メーカーにやられつつあるのなら、その会社の明日の命運は分からない。逆に、社内を見ていかにお粗末に見えても、競合企業よりマシなら、とりあえずは勝っていることになる。競争とは相対的なものだからだ。

あなたが経営の状況を見て、それが「相対的」にお粗末なのか、それともマシなのかを判断するには、何かの「基準」がいる。だから、今会社が競争上のどんなポジションにいるのか、まず仮説を立てるとよい。実際に会社のなかをのぞいていくと、初めの仮説通りのこともあれば、それとは違う現象に出食わすこともある。そのズレを生み出した原因が何かを社内で探っていくと、その会社の抱えている問題が早い時点で浮かび上がってくるのである。これは戦略コンサルタントの人たちがよく使う手だ。

まず自分で先に仮説を立てる。

次に現実を見て仮説とのズレをチェックし、自分の認識のどこが間違っていたのか、ズレの起きた原因を追求する。

それが分かったら、仮説を修正し、さらに現実を見てその仮説を検証し、次の問題点を探す……というやり方である。慣れてしまうと、問題点を絞り込むのには、このやり方が最も効率が良い。

プロダクト・ライフサイクル

さてそれでは、どんなやり方で競合ポジションの仮説を立てればよいのだろうか。ここでは精緻な戦略分析というよりは、概括的にイメージをつかむ方法を説明したい。私はそのようなイメージをつかむために、いつも二つのチャートを頭のなかに描いてみる。

第一のチャートは、プロダクト・ライフサイクルだ。これまで戦略論の勉強を積んできた人は、今さらなんだと思うかもしれない。しかし、先ほどから書いているように、この理論を決して馬鹿にしてはいけない。

というのは、今日の経営戦略論の多くは、プロダクト・ライフサイクルの考え方を包含しているか、暗にそれを前提にしていることが多いのである。なぜそれが重要かといえば、事業や製品がプロダクト・ライフサイクルの段階を進むにつれて、市場での競争の形態が変化していき、そこで競合に打ち勝つカギも移行していくからだ。

市場が導入期や成長期の初期にあれば、外部からの参入は楽である。当方にとっても楽だし、競争相手にとっても楽である。この時期は製品内容による優位性がカギである。製品の信頼感が確立していない段階で価格差を強調しても、その効果には限りがある。

やがて成長期に入ってどこの企業も似たものを出せるようになると、営業体制やアフターサービス網など、いわゆる「面」展開での蓄積に勝負の決め手が移る。

そしてその先には、価格差による戦いが待っている。サービスを提供することによって価格競争から免れようとしても、この段階では限界がある。価格を下げる競争はコストを下げる競争である。そのためには販売量を増やさなければならない。かくして競争は、ますます面展開や量的拡大の競争に移っていく。それは資金量の戦いでもある。

ライフサイクルの最終段階では「複合的優位性」が支配する。この段階で競争上の地位（マーケットシェア）はほとんど固定する。新しい優位性を打ち出す余裕は少なく、互いにもう攻めどころがない。「いったい何が要因なのかはっきりしないのに、とにかく差がついたままだ」というのが実情だ。逆に言えば、それがトップ企業の「勝ちパターン」なのである。

図2-5｜プロダクト・ライフサイクルの典型的競争パターン

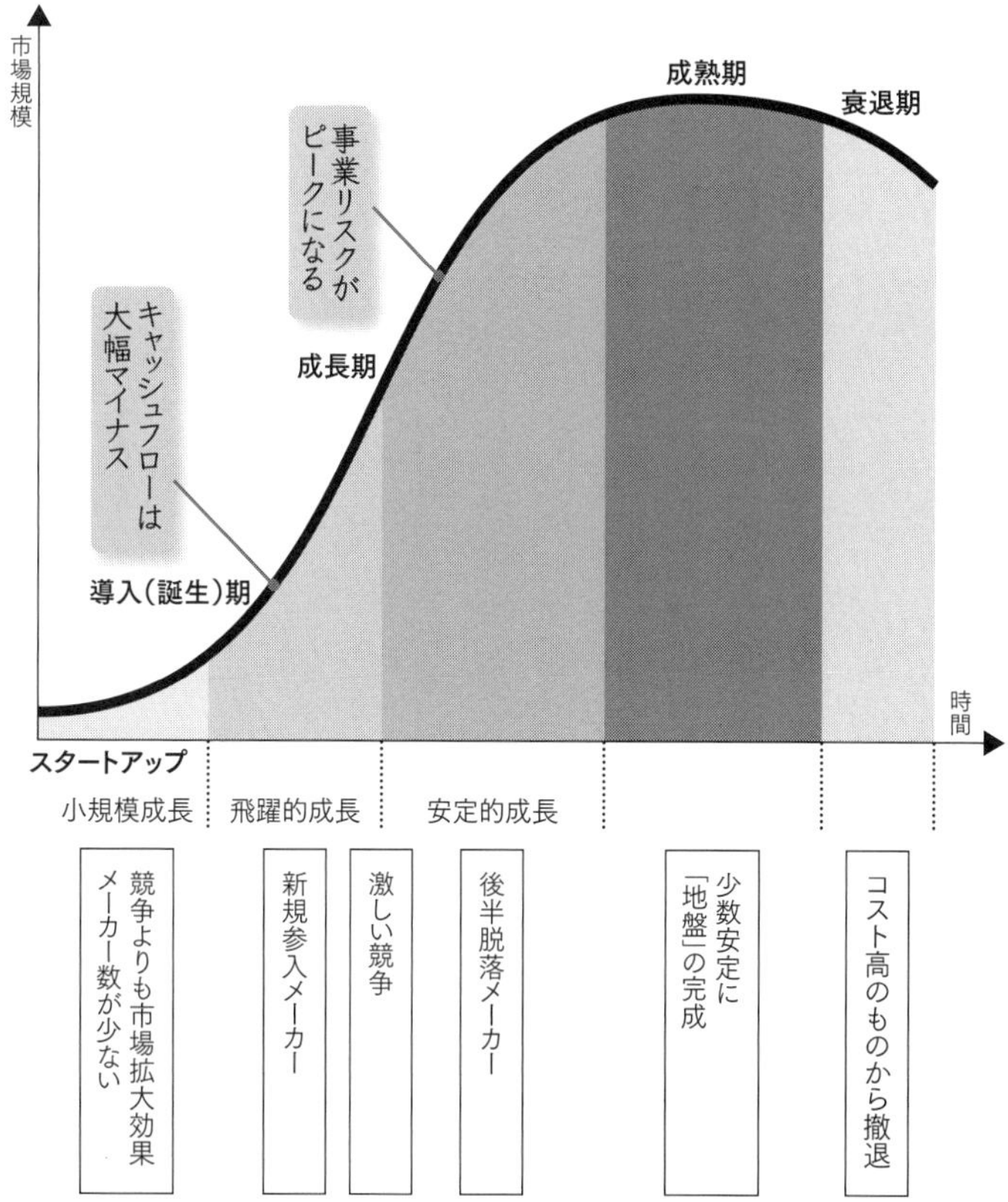

分厚い経営戦略書を買って、複雑な戦略モデルを理解しようと取り組んでも、ややこしい思いをしたあげくに、実際の仕事では使えない。そんな経験のある人も、もう一度基本に戻って、プロダクト・ライフサイクルのセオリーだけは「完璧に」理解されることをおすすめする。これは、あなたの仕事上の判断にモロに使えるからだ。

問題になっている事業がカーブのどの段階に位置しているかを頭のなかで位置づけてみる。その会社の売上げを考えてはいけない。世の中の市場全体のことだ。それが誕生期か、成長期か、それとも、もう成熟しているのか。

「そうか。この会社の中心事業は、多分、成長期の、それもまだ前半かもしれない。もしそうなら、これから新しい競争相手がさらに入ってくる可能性がある。いよいよ大変だ」といった具合にイメージする。もちろんこのイメージを得るためには、その市場の動向についてある程度の予備知識がいる。

事業の成長ルート

次に頭のなかの画面を切り替えて、新しいチャートを出す。見たところ、プロダクト・ポートフォリオとそっくりのチャートだ。チャートの右上から太い線が三本出ている。「ルート1」「ルート2」「ルート3」と書いてある。

プロダクト・ライフサイクルの誕生期Aの位置は、このチャートの上では右上の

図2-6｜市場のライフサイクル

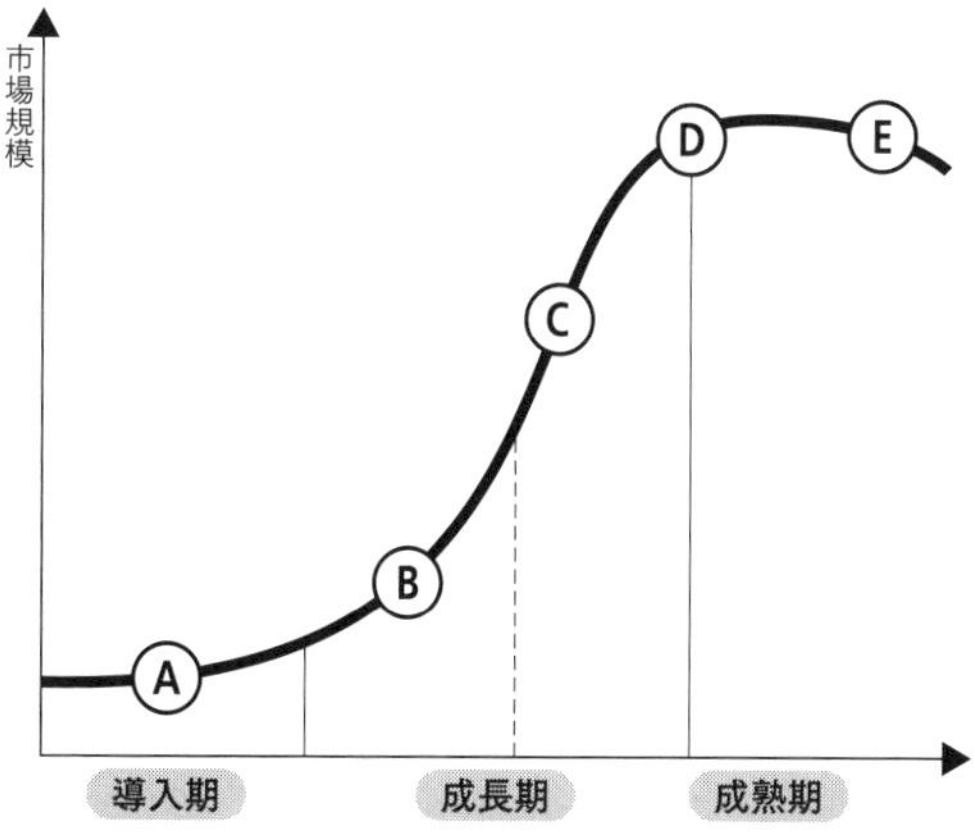

図2-7｜事業成長のルート

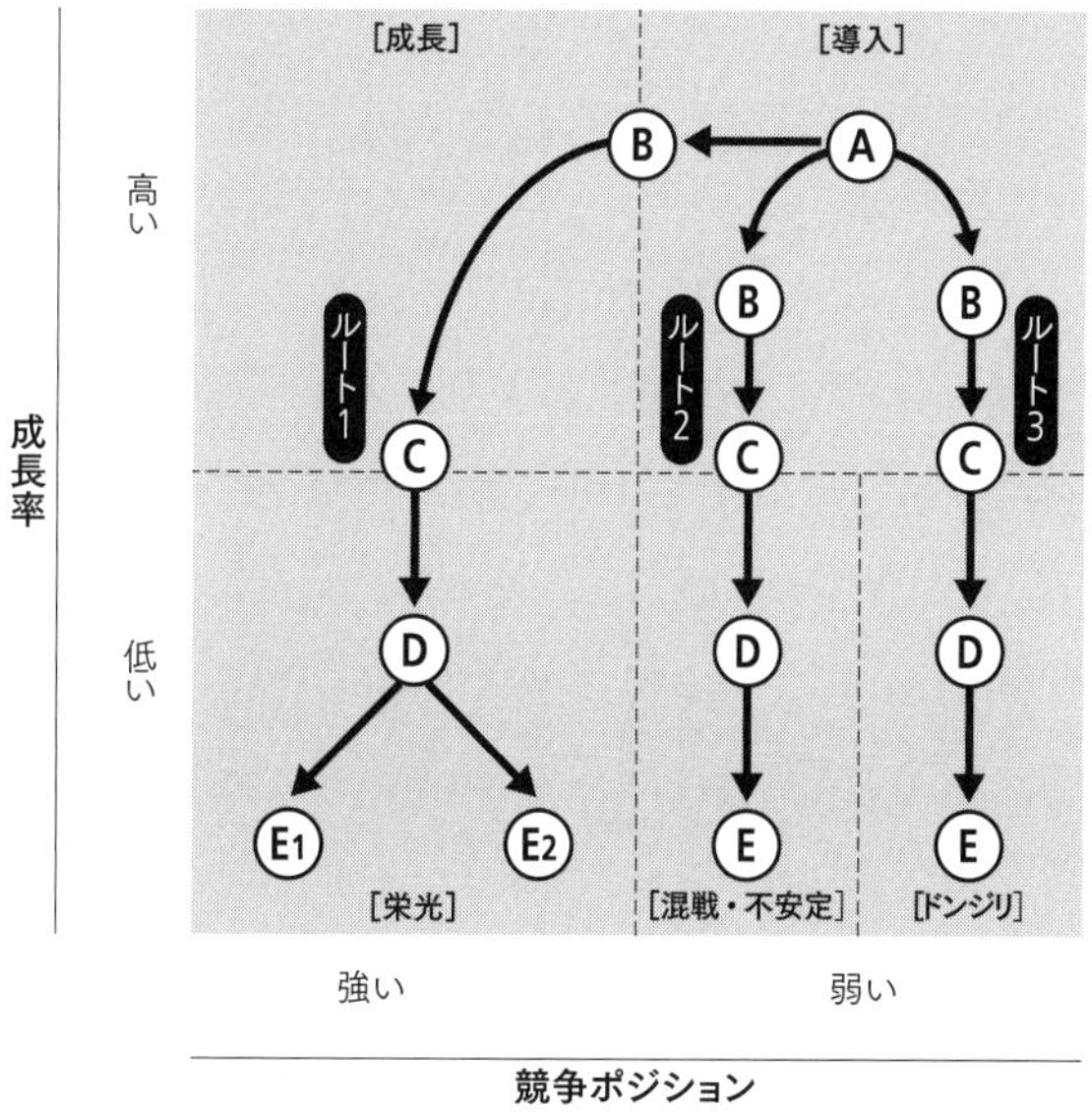

Aに当たる。つまり新しい事業はすべてここからスタートする。

競合を押さえ素晴らしい勝ち戦を続けていく会社はルート1をたどる。「栄光」のルートだ。AからBへ進み、やがてその事業の成長率がピークを過ぎて落ちはじめると、ルート1の線上をCへ向かう。世にいうエクセレント・カンパニーへの道だ。

ルート2は「混戦・不安定」ルートだ。このルートをたどる企業は、いつも他社の後追いで、方針もフラフラする。それでも、何とかルート2に沿って行ければ、将来、市場が成熟期になった時には、業界の三番手から五番手ぐらいには落ち着く。そこに至るまでに競争の淘汰が激しくて、生き残る企業が三社ぐらいしかないという業界なら、ルート2からはじき出されて、ルート3に押しやられるかもしれない。

ルート3は、全く冴《さ》えない「ドンジリ」ルートである。この会社はどう見ても負け犬、おそらくは最後の成熟段階に行き着く前に、振り落とされることになる。最初のライフサイクルのチャートに、この会社の売上高のグラフを書き込むと、業界が成長期に入ってもこの会社のグラフは大して上向きにならず、水平軸に沿って横に線が延びていく。

小野寺社長がかつて撤退する羽目に陥ったパソコン事業は、AからBに向かう辺りでは、明らかにルート1に乗っていた。しかし途中からはずれて、B段階ではルート2の方向に落ち、Cに至る頃には、さらに右にずれてルート3に入ってしまった。

チャートの上では迷走台風みたいに見える。ルート2から3にかけてのどこかには、「生き残りに必要な最低限の成長率」に対応したサバイバル・ラインがある。それより右にはみ出すと、撤退か倒産が待ち構えていることになる。

あなたが経営に取り組む会社は、果たしてどのルートをたどっているのだろうか。その事業の売上高の伸び、競争相手の様子、そんな情報を組み合わせて「仮説」を立ててみる。

再投資サイクルと企業活性化

エクセレント・カンパニーとは、九九ページのルート1のD、Eまできた企業で、しかも次の新しい事業（右上の位置Aに戻る）に盛んに再投資をして、うまくいっている企業である（図の上では、これらの企業をE_1と表現してある）。ルート1をうまくたどってきた企業でも、E_2の企業群の場合はこの再投資が不十分か、うまくいっていない。彼らは組織の活性化に問題を抱えている。世間的には優良な大企業と見られているが、戦略的にはエクセレント・カンパニーとは呼び難い。

成長戦略のポイントは、「絞り」と「集中」だ。広川が言った通り、どんな小さな市場セグメントでもよいから、ルート1をねらってナンバーワンになることである。

そしてそれがある程度進んだら、A段階への再投資のサイクルを確立しなければならない。ベンチャー企業に、第二のヒット商品が出にくいと言われる現象は、この再投資サイクルをうまく回すことが、経営的にかなりの難題だからである。名経営者とは、これをうまくやった人たちであり、エクセレント・カンパニーとは自己増殖的に、このサイクルを活発に回す組織風土を作り上げた企業である。

再投資サイクルを効果的に回すためにも、「絞り」と「集中」が不可欠だ。社長が新しいもの好きで、開発方針が定まらず、次から次へと新しい話に乗り換えてAの辺りをグルグル回っていると、資金源になっていた既存ビジネスが枯れてくるのと並行して、会社全体も枯れていく。

赤字が出ている時、事業がルート1をたどっている場合には、「良性の赤字」のことが多い。ただ、経営者のタイプによって「やりすぎてパンク」の可能性があるから、ワンマン的であまりブチ上げるような社長だとそれが心配のタネになる。

ルート2で赤字が出ている時は、初期段階では良性の可能性が強いが、C段階を過ぎた辺りから先は間違いなく悪性に転ずる。

ルート3の赤字は初期段階から悪性である。ルート1や2に乗り換える起死回生の戦略があるのか。社長にその自信がないなら、基本戦略としては撤退しかない。そのまま続けても、勝ち戦になることはないからである。

悪性の赤字が続いて、しかも資金的余裕が先行きなくなってきそうな時の基本的態度は「今までのしがらみは全部忘れて、恥も外聞もなく逃げだせ」である。つまり、縮小均衡によって短期に始末をつけるのである。ダラダラ放っておくと致命傷になりかねない。

ルート3症候群の症状

私がどこかの会社を訪ねる時は、この二つのイメージ画像の組み合わせで、頭のなかに事前に「仮説」を立てる。

実際にその会社に行ってみると、「仮説」ではエクセレント・カンパニーへのルート1をたどっているはずなのに、実際にはルート3の負け犬現象が目についたりする。なぜそんなことになっているかを突き詰めていけば改善点が見えてくる。

逆に、ルート3をたどっているという「仮説」に対して、ルート1の会社にしかいないような、やたらに優秀で元気な開発部長が出てきたりする。そんな時は、あと何を補ってやれば彼らの事業がルート2や1の方に乗り換えられるかを考える。それが戦略的アクションに結びつく。

ルート1企業とルート3企業は、典型的にはどんな違いがあるのだろうか。

外見から分かる違いは、皆さんもよく知っている。ルート3企業は、玄関から入っていくと、まず社内が湿気を帯びた感じで静かである。大声で笑ったり、大胆な冗談を言う奴が少ない。かかってくる電話が少ないせいもある。

その昔、日本のある有名なベンチャー・キャピタルの社長が、ベンチャー企業はその会社のトイレに入ると経営姿勢が分かるとの高説を唱えられたが、これはまんざら冗談ではない。ルート3企業の社員の礼儀作法とか社内の清掃への感覚は、確かにお粗末なことが多いからである。

ルート1企業では、競争相手の動向がしょっちゅう話題になって、自分たちがいつ負けてしまうかとピリピリしている。ルート3企業では、社内の不平不満は内向している。つまり社員の頭のなかにはお客さんや競争相手のことなどはほとんどなくて（ルート3企業では、社員がユーザーに会いに出かける頻度が少ない）、社内の人間に向けられた不満でいつもジメジメしている。

部外者には分かりにくいが、ルート3企業では多くの場合、すでに不満分子は辞めてしまった後である。だから、今さら社員が大量に辞めることはなく、彼らは毎日そこに来て言われたことをやっている。会議などに出てくる社員の目を見ると（性格はおとなしくて、素直で好ましい人が多いのだが）、鋭さがない。

あなたが縁あってその企業のなかに入ると、もっといろいろなことが見えてくる。私の経験でこれは例外なく言えることだが、ルート3企業では個別製品の原価計算システムが、ひどく粗末で頼りにならない。個々の製品の原価計算がいいかげんであれ

図2-8 ルート3症候群

		ルート1企業	ルート3企業
社内の雰囲気	社員の話し方	活発・大声・笑い	静か・おとなしい
	事務所の雰囲気	ザワザワ	湿気を帯びた静けさ
	かかってくる電話	多い	少ない
	社員の礼儀・しつけ	良い	悪い
	社内・トイレの掃除	きれい	汚い
	社内の喧嘩	アッサリ	ジトーと尾を引く
	朝令暮改	多くてそのたびに文句が出る	少ないがやっても文句は出ない
	残業のやり方	メリハリあり	ダラダラ
	優秀な社員の疲れ方	激しくて疲れる	かったるいのに疲れる
	普通の社員の居心地	厳しくて時に疲れる	ぬるま湯的で楽
組織の特徴	トップのリーダーシップ	強い	弱いか逆にワンマン
	ミドルのリーダーシップ	強い	弱い
	ミドルからの提案	多い	少ない
	危機感・切迫感	ある	ない
	会議のやり方	高密度・効率的	ダラダラ
	何かを決めるスピード	速い	モタモタ
	意思決定に参加する人の数	少ない	多い
	業績・成果の追求	厳しい	あまり厳しくない
	成功者への処遇	ものすごく褒められる	褒めるが大したことはない
	挑戦して失敗した者への処遇	あまり厳しくない	厳しい
	努力しない者への処遇	厳しい	あまり厳しくない
	根回し・社内調整	アクションと同時か事後	事前で時間をかける
	外に交渉に行った社員の態度	社長みたいな口をきく	「帰って相談」型
システム・管理	個別原価計算システム	しっかり	なし、またはいいかげん
	月次計算のスピード	翌月早々	翌月下旬
	予算管理	明確	甘い
	業績予想	当たる	いつも下方修正
	ITの社内普及	早い	遅い
戦略意識	「絞り」と「集中」	明確	曖昧（決める人がいない）
	競争相手の認識	明確	曖昧
	ユーザーへの親和感	ある	ない（会いに行かない）
	時間軸の認識	ある	ズルズル
	外部情報の取り込み	ネットワーク型	散発的
	国際的視野	国際的	国内的または地域的
	プランニングのスタイル	走りながら	事前完璧または全くなし

ば、価格づけがいいかげんになり、製品ごとに儲かっているのかどうかが分からなくなる。これは、ルート3企業のトップが戦略判断を間違える大きな原因の一つになっている。

ルート3企業では月次決算の出てくるタイミングは遅くて、小さな企業でも大企業並みに遅かったりする(大企業でも、成長会社の場合は社内の月次決算報告は早い)。ルート1企業の会議はカンカンガクガクだが、ルート3企業では皆がすくみ合ってダラダラと何も決まらないか、逆にワンマン的トップの一方的演説が続く。ルート1企業では、何かを決定する時に関与する人間の数が少ない。ルート3ではあちこちに話を持ってまわって、時にはなんでこんな人が、と思うような人まで顔を出す。

ルート1企業では、走りながら考える感じだから、決断も早いが朝令暮改も多い。社員がそれに慣れていて怒らないかと言えばそんなことはなくて、すでにアクションをとってしまったとブーブー言う。しかし上の者は平気で、懲りずに朝令暮改を繰り返す。それが元気の印なのだ。

朝令暮改というのは、一種のメリハリとか激しさの現れである。ルート3企業では、トップが朝令暮改をやっても部下はおおむね黙って聞く(社員が急いでアクションをとらないから、変更の指令が間に合うことが多いせいかもしれない)。社内の部門間の喧嘩でも、ルート1企業の方がやる時は激しいが、カラッとしている。

さらに戦略レベルの違いを見れば、もっと大きな問題が出てくる。私の経験で何と言ってもいちばん重要な違いは、ルート1企業は「期限の設定」が明確なのに対して、ルート3企業は「時間軸」の設定がどうしようもなく曖昧なことである。これは、競争の認識が甘いことからきている。それがさらに、「絞り」と「集中」の甘さを呼ぶ。

ルート3企業のトップのリーダーシップは非常に弱く、そのため「絞り」と「集中」の決断のタイミングを逃しがちだ。

独善的なワンマン社長はどこにでもいるが、ルート1企業のワンマン社長は組織作りがうまいのに対して、ルート3企業のワンマンはたとえ決断は早くても、衆知を集めずに気まぐれにやることが多くて、その結果「絞り」と「集中」の決定が的外れになる。それを諫《いさ》める人がいないから、ワンパターンで同じ誤りを繰り返す。

プランニングの面でも、ルート1企業はアクション志向で、動きながらプランを固めていく感じだが、ルート3企業はじっとして考え、よく事情も見えないのに作文のようなプランを作ってみたり、または十分な検討なしに大きな投資を決め、走ってみて最後におかしいと気づいたりする。

ルート1企業でもルート3企業でも、量の違いはあるものの、外からの情報は入ってくる。しかし、ルート1企業はそれを誰かが加工し、意味を加えて社内に再発信するのに対して、ルート3企業では情報が社内に埋もれたままになる。磨けば光るダイヤモンドが、社員や経営幹部のファイルのなかに入り込んだまま出てこないという感じだ。

ルート3企業でときどきお目にかかるのは、やたらと情報を集めるのが好きなのに、それを個人的に退蔵して知らん顔をしているへんな中堅社員である。しかしそれも、彼ら自身が悪いのではない。

不安定化で組織を刺激する

これらはすべて、私の実体験から得た観察事項である。

あなたが実戦的「戦略プロフェッショナル」として、どこかの会社か事業部に入って行った時、あなたはこれらの兆候を見て、それを戦略的にどのように位置づけ、どのような対策に結びつけていくのだろうか。

広川の場合、彼が入社前に抱いていた新日本メディカルのイメージは、ルート2からルート3の中間辺りを、フラフラしながら降りてきている会社というものだったようだ。

しかし、彼が社内に入って観察を始めてみると、ルート1の方向に近づける素材が、チラチラと見えているような気がしている。

例えば、事業のライフサイクル・ステージからすると、勝負はこれからだから、まだ捨てたものじゃない。ジュピターのように、勝負をかけられそうな商品が残っている。会議のやり方や社内の雰囲気などにはルート3症候群がたくさん出ているが、ジュピターの辺りを軸にして改善していけば何とかなるかもしれないと、比較的明るい印象を持ったようだ。

ここではっきりと指摘しておきたいのは、ルート3症候群の表面的な現象一つひとつを取り上げて、それを正そうと躍起になるのは単なる対症療法でしかないということだ。いくら社員の行動に文句を言っても、それだけでは大した改善にはならない。冷たいことを言うようだが、そういうお説教的アプローチは実戦的「戦略プロフェッショナル」には最もなじまない。

成長企業は組織がいつもアンバランスである。開発面とか、生産技術とか、会社のなかのどこかに優れた「突出」部分を持っており、それに牽引される形で、他の部門が遅れて、あくせくしながらついていく。

時とともにこの牽引役を果たす部門が交替していき、会社全体としてはいつもどこかがスターになったり、問題部門になったりする。トップの役割は、こうした活性状態を続けるために、社内のアンバランスをいかにほどよく作り出すかにある。

業績の悪い企業は内部が不安定だと思われがちだが、むしろ逆のことが多い。ル

戦略ノート

ート3企業は、低いレベルで社内が妙に落ち着いてしまう。たとえ不安定さが残っていても、それは「後ろ向きの不安定さ」で、さらに人が辞めるとか社内にもめごとが起きるといった事態だ。それが終わるとさらに静かになる。

こんな会社のトップの座について、お説教をしたり、我慢強く社内の「調整」と「コミュニケーション」にいくら時間をかけても、何も起きない。

本当に会社を良くしようと思ったら、このへんなバランス状態を戦略的に突き崩すしかない。現象的には良くも悪くも社内をガタつかせるような積極的な手を、次々と（しかし、組織が一度にどれくらいの変化を消化できるかを測りながら）打ち出していかなければならない。つまりトップの役割は、この場合も組織のアンバランス化である。

このように会社を強くするためには、組織の適度な不安定化が常に必要である。しかし、それが最大の効果を発揮するためには、同時または先行して、社内に向けて戦略目標が提示されていなければならない。皆がそれに向けて努力を結集しはじめた時、組織のなかに「ゆらぎ」が生まれ、それがさらに大きなアンバランスを受容する素地となる。だから問題は、当面の戦略目標をいかに設定し、組織のベクトルを束ねられるかどうかである。

それではこの先、広川洋一はどうするのか、彼の話を追いかけてみよう。

3
決断と行動の時

売れない理由の犯人捜し

広川には、ジュピターが面白い商品であることは分かった。

「いい話ばっかりじゃないか。ジュピターの性能がこんなにいいのならどうして売れないんだろうね」

彼の次の仕事は、これまでの**戦略展開のネック**が何だったのか、その犯人捜しである。

広川の疑問に東郷はまず、価格の問題を持ち出した。

「前にも説明しましたが、旧タイプの検査薬は機械を必要としません。それに対し、ジュピターはいちばん安いもので四五〇万円、高いものになれば一二五〇万円もします。営業マンの報告では、ここで話が止まってしまうユーザーが多いようです」

広川が会う人ごとに聞いてみると、臨床検査の自動化がますます進むという意見は非常に強かった。しかし、G検査の分野でこれほどの価格をつけた自動検査機が出てくるとは、誰も予想していなかったのである。

だからこそ、強敵ドイツ化学でさえ出遅れたのだ。

東郷や福島が各地の営業責任者の報告を聞くと、機械のメリットを聞けば臨床検査の関係者は誰でも興味を持つが、話が価格に及ぶとかなりの人々が高いのではないかとの印象を漏らすという。

ジュピターが病院に与えるメリットと価格が見合っていないのだろうか。

広川がまず引っかかったのがこの価格問題だった。

事業戦略の問題点を解いていく時には、初めから大上段に構えず、何か一つ、おかしいと**引っかかった問題からスタート**して、なぜ、なぜ、なぜとチェックを広げていくのがいちばん効率がよいだろうと広川は思っていた。

価格問題はそんなとっかかりとしては最適であった。そこには、**売り手、買い手、競合の三者の思惑**が正直に凝集して現れる。

「我々がこの値段でジュピターを一度納入したら、それっきりの商売になるのか」

「いえ、機械を納入したあと、それに使われる検査薬を買ってもらいます。それが旧タイプの検査薬に相当するものです。コピー機を納入して、あとからコピー用紙を買ってもらうようなものです」

「そうすると、ジュピターを納入すると、旧タイプの検査薬は売れなくなるが、代わりにジュピター用の検査薬が売れるようになるのだな」

「その通りです」

広川が聞いてみると、発売した時からジュピターの検査薬の価格は、旧タイプに比べてかなり低く設定されていた。旧タイプは検査一回分が五〇〇円であるのに対し、ジュピターの検査薬はちょうど半分の二五〇〇円の価格がつけられていた。

「旧タイプの検査薬は製造工程が複雑でした。ですから、コストも高かったのです。新しいジュピター用の検査薬は液体です。一度に大量に作ってそれをビンに詰めればいいので、コストもかなり下がります」

「もともと検査薬の粗利益はものすごく高い」

「はい、二五〇〇円の価格でも、粗利益はプロテック事業部の他の製品よりもっと良いぐらいです。ですから、常務、価格の面では我々にはまだ十分余裕があります」

こんな言い方をされると、いかにも「さらに価格を下げても大丈夫です」と言われているような気がする。確かにこの価格でこちらが十分儲かるというなら、**売る側のロジック**としてはそれでよいのだろうが、それでは**買う側のロジック**はどうなっているのだろう。

おかしいなと広川は思う。

本当にジュピターの性能がそれほど良いのなら、検査薬の値段が今までと同じだとしても、人々はジュピターを買うだろう。いわんや、検査薬の値段が今までの半分だというのなら、人々は迷うこともなくジュピターを選ぶはずだ。

しかし今はそれでも売れないのだから、原因はほかのところにあると考えるべきだ。

こんな時に、値段を下げるなんて話にうっかり乗ったら大変だ。つまり、値段をさらに下げたところで何の効果もなく、こちらの利益が減るだけに終わってしまいそうな気がする。

価格決定のロジック

機械にしても検査薬にしても、一年前にこれらの価格を決定した時にはどのような理由に基づいていたのだろうか。

広川は周囲の者にその経過を尋ねたが、答えはあまり明快ではなかった。深く考えずに機械、検査薬とも、原価の上に一定の粗利益を加えて価格を設定しただけのようだ。

広川は価格戦略の良否を判断するロジックが欠けているなと思った。

とりわけユーザーがジュピターを買う、買わないと決める時のロジックは何だろう。

G物質の検査を一回行うごとに、病院には八〇〇円の検査料が保険基金から支払われるという。この収入は旧タイプの場合もジュピターの場合も変わらない。

病院は収入と検査薬代の差益のなかからスタッフの給料、建物、設備、検査機器の償却費などの経費をまかなう。

「ということは、ジュピターを使えば、検査を一回行うごとに、ユーザーの手元に残る差益は旧タイプに比べて倍増しているわけだろう」

「確かに旧タイプでは三〇〇円だったのが、ジュピターでは五五〇円です」

「機械への初期投資が高いといっても、そのあとのランニング・コストが安ければ回収できるはずだ。問題はそれをどれぐらいの早さで回収できるかだろう」

いくら機械が高くても、一年で元がとれてその後は儲かるというのなら、かなりの人がそれなら買ってみようかと思うだろう。

反対に、一〇年かかっても元がとれないとなれば、興味を失う人が多いだろう。

「ユーザーが毎月、G物質をどれくらいの回数検査するのかが分かっていれば、この答えは割と単純な計算で出る。そのデータ見せてくれるかい」

広川にこう聞かれて、東郷はきまりが悪そうな顔をした。そんなデータは手元になかったのだ。

「そのデータなしに、どうして二五〇〇円の価格を決めることができたんだ。価格は相手が受けるメリットで決まるものだ。こちらのコストではない」

「そう言われれば、……当たり前のことですね」

コスト一円でも、相手にメリットがあれば一万円でも売れる。コスト一万円でも、相手にメリットがなければ一円でも引き取ってくれない。価格決めは、**客のロジックを読むゲーム**である。

広川に叱られて、東郷は営業に指示を出して情報を集めさせ、また自分でもあちこち歩き回ったあと、一〇日ほどしてデータを出してきた。

病院の規模別のG物質の検査回数である。全国の病院をサンプル調査した結果だ。

広川は東郷の**データ収集のスピード**に安心した。

図3-1 ベット数から見たG物質の検査回数（月間）

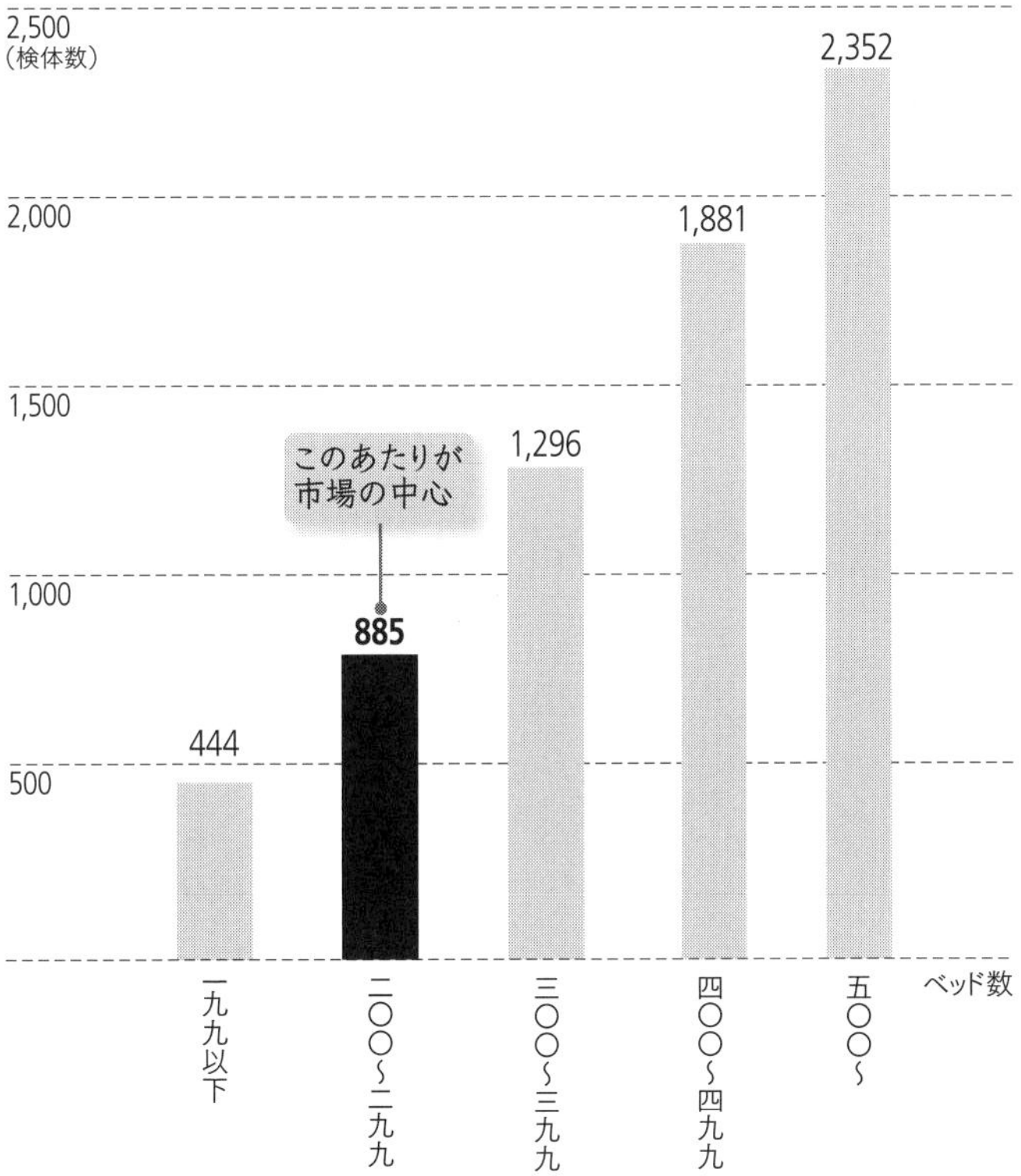

世間には、たとえ大企業でもモタモタした組織はいくらでもある。こんな一見単純なデータでさえ、出してくるのにもっと時間がかかるとか、永遠に出てこないこともある。

大きな事業戦略プロジェクトの場合でも、**混迷した戦略判断に突如として道を示してくれるのは、ほんの二、三のユニークなデータ**であることが多い。

どこかのリサーチ会社に電話でデータを依頼して、自分は机に座って待っているとか、せいぜい日本能率協会のマーケティング・データバンクに出向くという程度では、戦略上本当に必要とされるそうしたユニークなデータをひねり出すところまでは、なかなか行き着けない。

もしそうしたデータがすぐに手に入るなら、同じデータが競合企業にも流れているに違いないのだ。

しかし、データが正しかろうが間違っていようが、同じデータが競合企業にも流れている方が、かえって安心してそのデータを使えるという病的な横ならび精神の業界も日本にはある。それは、戦略的に動こうとしている企業にとっては、かえって有利な状況である。

東郷の持ってきたデータは、広川の疑問を解くのに十分であった。

戦略プロフェッショナルの要諦❺ データ検証のムダ

広川洋一はデータによる検証を繰り返している。「多分、こういうことが言えるだろう」とアタリをつけてから動かないと、作業のムダが出る。アタリとは、すなわち、「仮説」を持つことである。しかししょせん仮説は結果的に正しくないと分かることが多い。そうなればデータも「関係なかった」と捨てられる。

そこでムダを避けようとデータ作業を省略しすぎると、今度は仮説がいつまでたっても仮説のままになる。それをあたかも真実のように語り、実行してみたら戦略は外れた、というお粗末な結末は身近で頻繁に起きる。

データ作業のムダは宿命である。必要悪である。できるだけ正確に仮説を組み、散弾銃でなくスナイパーでアタリをつけてデータを探しに行く。戦略プロフェッショナルであっても、最終戦略案のなかで生かされた実証データが、いじり回したすべてのデータの一〜二割もあれば、かなり上出来と言ってよい。手探りで新しい戦略ストーリーを探すという作業は、そういうものなのだ。

本書の場合、「価格決定のロジック」は、広川たちの戦略にブレークスルー（突破口）をもたらしている。それを探し当てた時の喜び、してやったりの満足感。それが戦略プロフェッショナルの醍醐味である。

これによれば三〇〇ベッドぐらいの規模の病院では月に少なくとも九〇〇テストぐらいの検査回数がある。

「東郷君、毎月これくらいの検査薬が使われるなら、ジュピターを買ってくれたお客は投資をわずか一年半から二年くらいで回収していることになる。どうやら、ジュピターが売れない理由の犯人が価格に関係しているという可能性はほとんどゼロだな」

「ということは何が問題でしょうか」

「君はなんだと思う」

「ユーザーへの説明不足ですか」

「そう、ジュピターを買うメリットがどうやらお客様には十分伝わっていないということさ。だけどジュピターが売れない理由がそれだけかどうかは、まだ分からない」

そして広川は何気なく呟《つぶや》いた
「セオリーから言えば、検査薬の価格はもっと高くしてもいいくらいだね」

東郷は、広川が冗談を言っているのだと聞き流した。こんなに売れないで苦労している時に、価格を上げる話などあり得ないと思ったからである。

しかし、広川はこれをまじめに問題にしていた。

「ドイツ化学の旧タイプが五〇〇〇円で、こっちは二五〇〇円というのはね。……まるで**安かろう、悪かろうの値段づけに見えるよ**」

口に出して言うわけにはいかないが、広川は思った。こんな値段づけをする時は、その商品によほど自信がない時だ。

製品性能は良いと言いながらこんなことをするのは、経営マインドが初めから負け犬事業のようになっているのではないか。

組織の士気が高いとは言えない理由も、こんなことに関係しているに違いない。

広川、ユーザーに会う

十月も半ばを過ぎてから、広川は全国の**ユーザー回り**を始めた。

彼が新日本メディカルに来て一カ月ほどが過ぎていた。

病院を仕事で訪ねるのはこれが初めてであった。全国の営業を統括している福島が、各地の営業責任者に連絡し、広川の訪問日程を作った。

広川の出張には福島か東郷が同行し、担当営業マンに案内させて挨拶がてらユーザーの意見を聞くのが目的であった。

わが国には約九〇〇〇の病院があるが、規模で見るとほとんどがベッド数二〇〇以下の小さな病院である。

人々はむずかしい病気にかかったかもしれないという不安がある場合には、大病院に行って検査を受けようとする。だから、病院の規模が大きくなればなるほど、臨床検査の量や種類は飛躍的に増加する。

プロテックの営業マンにとっても、たとえ数は少なくても大病院ほど重要なお客さんである。

例えば東名大学病院の場合、外来も含め一日二〇〇〇人から三〇〇〇人の患者を検査し、昨年の実績で患者一人当たりの検査項目が四・七項目、したがって検査部は一日一万～一万五〇〇〇件の検査をこなさなければならない。

日常的に行う検査項目だけでも二〇〇～三〇〇項目、特別な病気のための検査や、外部の専門業者に外注する特殊検査を含めれば、臨床検査の項目数は軽く五〇〇を超える。

検査部長には病理の専門医が就任することが多く、その下に主任技師、技師、助手といった肩書きの検査スタッフがいる。

東名大学病院を例にとれば、病院全体で働く職員は一一〇〇人、このうち一〇〇人が臨床検査部に配属されている。

営業マン朝井の話

私はプロテック事業部の営業マンで、福岡営業所に所属しています。

入社して一〇年になります。

先週東京本社から連絡があって、新しく来られた広川常務がこの地区の病院を訪問されるというので、三カ所ほどアレンジしました。

今日、東郷課長と一緒に来られたので、それぞれの病院で検査部長の先生に会っていただきました。

今日訪問した先で、ジュピターが入っているのは古賀病院だけです。

実は九州地区ではこの一台だけです。

我々プロテックの営業マンは、製品のPRについては病院の臨床検査部を訪問し、また代金回収などの事務的な処理については、用度課とか医事課と言われる事務部門に行きます。

臨床検査部が何か買う時、普通は検査部長の先生が決裁されます。

しかし、ジュピターは価格が高いですから、部長では決められなくて、院長まで話がいくところが多いでしょうね。

病院によっては、薬品や機器の選定を医師や検査部長が参加した委員会で決めることもあります。

しかし、どう決めるにせよ、我々の製品を採用していただけるかどうかは、どこの病院でも二名ぐらいの**キーマン**にかかっています。

それが誰かを早く見分けて、その人にどうアプローチするかが我々のウデです。

例えば西山病院の場合、山形検査部長もさることながら、川野さんという古手の技師長の意見がよく通ります。

東道病院の場合は事務長がカギです。彼は院長の娘婿で、検査のことまで結構口出ししますから。

そこへいくと、公立の古賀病院は診療の医師が強いですね。今回ジュピターを購入していただいたのも、内科と外科の先生がG検査をスピードアップして欲しいと検査部長に要望を出してくれたからです。

ただ医師が要望しても、検査室の方は人員の問題とか採算のこととか独自の見方をしますから、スンナリいくとは限りません。

正直言って、広川常務は全くの素人で病院のことはよく分からないということでしたので、先生方に失礼なことを言わないかとちょっと心配でした。

この前なんか、プロテック社から来た米国人を西山病院に連れて行ったら、まるで友達に話すようにズケズケと質問するので、あとで検査部長の先生から「外人はあれだからな……」なんて言われちゃいましたから。

でも今回はうまくいきました。

先生方も会社の役員が挨拶に来たというので、そう悪い気もしなかったようです。

広川常務は病院の先生方ともっぱらジュピターの話をされていました。

西山病院ではたまたま廊下で内科の大川先生にお会いして、少し話をしてくださったのはいいんですが、これがちょっと冷や汗ものでね。

というのは、大川先生と山形検査部長はあまり仲が良くないんです。

我々臨床検査薬メーカーの仕事の窓口は、あくまで臨床検査室です。

そこを飛び越えて内科や外科などの先生方と直接やりとりする時は、よく根回ししておかないと検査室の人たちがいい顔しないこともあるんですよ。

その点ではドイツ化学はうらやましいです。

彼らは医薬品も売っていますから、そのプロパーがドクターにどんどん会いに行きます。ドイツ化学の臨床検査薬のセールスマンは僕らと同じで、あまり医者には会いませんけど、なにせ彼らは同じ会社ですから、**社内の連携プレー**ができるんです。

新日本メディカルは検査薬しか売っていませんから、そんなこと期待できません。

話は変わりますが、今日久しぶりに東郷課長にお会いしましたら、何か今までと雰囲気が違うんですよね。

新しい常務と一緒でしたから少しは緊張していたんでしょうが、それだけじゃないですね、あれは。

顔がしまっているというか、真面目になったというか、とにかく言うことが真剣なんですよ。特にジュピターの話になると。

福岡の営業所長も同じことを感じたらしくて、あとでそう言っていました。

東郷課長は**個々のユーザーの名前**を挙げて、一カ所一カ所のジュピターの営業の進み具合を細かく聞いてきました。こんなこと今までなかったことです。

競合の動きのこともずいぶん聞かれましたが、こちらが分からないことが多くて返事に困りました。

明日から訪問先で、もう少しドイツ化学の動きがどうなっているか情報をとるようにします。

そんなわけで、これからジュピターで頑張らなければいけないと思いました。

山形検査部長の話

はい、今日新日本メディカルの広川常務が新任の挨拶に来られました。

実は当病院では、プロテックからの購買量は少ないので、わざわざ東京から来られたと聞いてかえって恐縮しました。

プロテックもドイツ化学も、製品の差はほとんどありません。

価格や**サービス**も同じようなものですし、営業マンも、個人差はありますけど、まあレベルは同じような感じですね。

プロテック営業マンの朝井君の評判はいいですよ。

一度ドイツ化学の製品を採用したら、当分はそのままです。

よほど価格とか製品性能に違いがなければ、多少の不都合があっても一社のものを使い続けます。

というのはですね、同じ製品で検査しておかないと、データがバラつくんです。それに、メーカーによって検査のやり方が微妙に違ったりすると、検査スタッフが面倒がりますので。

そんなわけで、違うメーカーの製品をミックスして使う意味は全くありません。

今日、広川常務さんにジュピターという新製品のことをどう思うか、盛んに尋ねられましたね。

当病院は六〇〇床もの規模ですから、あのような自動機器は魅力があります。

最近はとにかく人手が少なくてすむものには関心があります。

自動機器への抵抗感なんか全くありません。大歓迎です。

G検査の数もかなりありますよ。一カ月に二〇〇〇回ぐらいの検査をしていると思います。

この検査は、最近はどこの病院でも増えているでしょう。学会で話題になっている検査ですから。

ただね、うちは今年の**機器購入予算**で何を買うか、もう全部決まっているんですよ。

もしあの機械を買うにしても、来年四月からの予算に入れたとして、実際の購入は九月頃、つまり約一年先ということです。

とりあえずは、旧タイプのプラスチック方式ですませます。

いや、お金さえあればすぐに欲しいと技師長は言っているんですけどね。

ドイツ化学への遠慮？

そんなのありませんよ。ものが良ければプロテックから買います。

来年うちが買うまでにドイツ化学が同じようなものを出してくるのなら、もちろんどちらにするかよく比較して決めます。

そんな噂《うわさ》があるんですか？

広川の見た市場と営業マンの認識

病院相手の商売は気疲れするな、というのが広川の正直な第一印象であった。

医薬品のメーカーは病院の医師やスタッフに絶対服従だ。とにかく腰を低くしなければならない。

しかしそんなことを除けば、病院相手のマーケティングが他の産業分野と決定的に違うことは何もないというのが広川の結論であった。

医療業界では、とにかく金銭がらみの話が多いとされているが、臨床検査の分野では、そのような話は比較的少ないようであった。

ジュピターに魅力を感ずる病院は、多分ベッド数二〇〇ぐらいから上の規模のはずだ。全国的に見てベッド二〇〇床以上の病院は九〇〇ほどしかない。

これは広川にとって重要な情報であった。

もし全国九〇〇〇のユーザーを相手にマーケティングをするなら、新日本メディカルのような規模の会社にとっては、**不特定多数**を相手にしているようなものだ。

つまり、ほとんど**マス・マーケティング**の感覚である。

しかし相手が九〇〇なら、そこからさらにターゲットを絞り、**個別撃破のマーケティング**ができる。かなり短期の勝負を迫られている広川にとって、これはありがたい発見であった。

G物質ではドイツ化学とプロテックのシェアは全国的には三対一ぐらいの比率だ。しかし個々の病院のなかでは、同じ検査項目でドイツ化学を七割使って、プロテックは三割使うといったやり方はしないというのも、これからのプランニングのためには知っておくべきことであった。

ユーザー一つひとつの商売は、オール・オア・ナッシングなのだ。

つまり、試薬メーカーは病院のなかでシェア争いをするのではなく、検査の種類ごとに全国でユーザー単位の陣取り合戦をやるのだ。

ユーザーの障壁は高いが、一度**なかに入ると立場が逆**になる。

まさに一回限りの一本勝負、**鼻の差でも勝ち**は勝ちだ。

もしプロテックがここでドイツ化学のシェアを一気にたたきつぶすことができれば、彼らの反撃はその後何年もかかることになる。

しかし、広川にとってこれはきつい話であった。

新日本メディカルに赴任してきて、まだ二カ月もたっていない。

そんな状況で、上がってくる情報はどれも、短期決戦の必要性を示しているのだ。

プロテックの営業部隊が機械を売るのはこれが初めてであった。今までは消耗品の検査薬だけだった。

よくある話だが、営業マンのなかには機器やデータのコンピューター処理などの話はさっぱり苦手だという者が多い。そこで一年前にジュピターを売り出した時、営業部員のなかから四名（東京二名、大阪二名）が選ばれ、ジュピターの**スペシャリスト**に任命されていた。

米国のプロテック社がこの方法で販売効率を上げたので、日本でも同じ組織にするよう先方から言ってきたのを取り入れたのである。

ジュピターの販促活動はこの四名のチームが中心になった。

一般の営業マンは自分の担当地区に有望な売り込み先の病院があれば、その情報をスペシャリストに流す。その営業マンとスペシャリストは一緒に病院に出かけ、スペシャリストが中心となって、デモをしたり専門的な質問に対応するという体制であった。

予算や売上げの責任は一般の営業マンの数字に含まれているから、**社内の営業責任**の帰属はあくまで一般営業マンである。営業部が小さく組織の風通しはよいから、この協力体制は末端までよく行きわたっていると広川は聞いていた。

しかし広川が全国を回ってみると、ジュピターの販売はスペシャリストの仕事であり、一般の営業マンの役割はサポートであると思っている者が結構いた。

広川は、この組織が最適かどうか疑問を持った。

何とか、**社員全員を巻き込んだフィーバー**を起こさない限り、短期勝負に勝つことは不可能だと思ったのである。

広川は各地で、営業マンにジュピターがあまり売れないのはなぜかを尋ねた。彼らの答えをまとめると、だいたい次のようになった。

(1)　G検査を多量に行うところでなければ、この機械には興味を持ってくれない。この一年せいいっぱい動いてあちこちに話を持っていったが、病院のG検査に対する認識がまだ低いと思う。

(2)　ジュピターの価格が高い。

(3)　この製品はこの分野で初めての自動機器だから、ユーザーの抵抗感が強いように思われる。

(4)　機械の購入を病院が予算化するのに普通一年ぐらいかかるから、ジュピターのような機械がすぐに売れると思われては困る。

(5)　プロテックはこれまで使い捨ての検査薬だけを売っていて、機器を売るのはこれが初めてだから、正直言って営業マンは専門的なことが分からない。また、ユーザーのところに機械を持ち込んでデモンストレーションをしたりすることにも馴れていない。

広川は彼らの結論を疑っていた。

これらの理由のうち、少なくとも(1)から(3)は明らかに間違っていると広川はほぼ断定していた。東郷の出してきたデータがその証拠だ。

訪問先の病院で関係者と話してみると、あのデータは信頼できることが確認できた。G検査を多量にやっている病院はたくさんあるのだ。

価格が高いというのも、絶対に間違いだ。単にこちらの説明不足だろう。

それに自動機器への抵抗感なんかありはしない。

しかし、理由(4)の病院が予算で動いているというのは本当だ。これを何とかぶち破る販売方法はないだろうか。

そして、理由(5)もその通りだろう。営業マンたちはこの機械に自信を持っていないし、何となく好きになれないのだ。

多くの社員がまるで**伝染病にかかったように、同じ意見を口にする**のも広川には気がかりだった。会社のなかで誰かがネガティブな意見を言うと、それが次々と伝わり、単なる意見がそのうち事実であるかのような重みを持つ。**モノトーンの組織**によく起きる現象だ。

戦略プロフェッショナルの要諦❻ 社内常識こそ改革の金脈

企業組織のなかには、社員同士のインフォーマルな会話によって伝播し、いつのまにか社内に定着している社内常識が少なからず存在する。広川が「まるで伝染病にかかったように、皆が同じ意見を言うのが気がかり」と言っている現象だ。

一橋大学伊丹敬之名誉教授はタテに会社の意志を伝えていく「直接話法」と、ヨコのつながりによる「間接話法」の関係を論じている。私の経験でも、古くて低成長の会社ほどヨコの間接話法による社内常識や噂の類に支配されており、高成長で組織が比較的小さい企業ほど、トップ経営者の意志がタテの直接話法を通じて徹底されている。前者ほど企業戦略は硬直化しており、後者ほど戦略はタイムリーに書き換えられて組織の元気が保たれていることは言うまでもない。

戦略プロフェッショナルにとって「改革の金脈」は、社内常識＝既存価値観という名の、しばしばぶち壊すべき埋蔵物のなかにある。そこは守旧派の巣窟である。あなたの戦いの武器が何かは、すでに要諦❹に書いた。会社を元気にしたいのなら、多くの社内常識と戦うことは避けられない。

事業部が問題を抱えているというのに、彼らはここで頑張らなければならないというプレッシャーを感じている様子もない。

皆素直ないい奴ばかりなのだが、何だかノンビリしているのだ。会議もゆっくりだし、責任の追及もない。

広川は売れない理由の犯人捜しをしながら、戦略をどう組めばうまくいくようになるのかを考え続けた。うまくいかない要因を、全部一度に修正する必要はない。

成功のためのキーファクター（ＫＳＦ＝ＫＥＹ　ＳＵＣＣＥＳＳ　ＦＡＣＴＯＲ）を幾つか押さえることができれば、後は連鎖反応で良くなっていくだろう。しかし、その順序を間違えたら効果は出ない。

営業体制の強み、弱み

営業体制について、見落としてはならない重要な事実がある。それは**代理店網**の存在である。プロテック事業部はこの事業を発足させた時からずっと関東商事を全国総代理店として使っている。

関東商事は社員二〇〇名余、臨床検査薬専門の商社で、この業界では大手である。

関東商事はプロテック以外に多くの臨床検査薬メーカーの総代理店になっているが、**競合商品を同時に取り扱う**ことは絶対にしないという方針を固く守っていた。

関東商事のなかでプロテック事業部の商品の占める比率は三〇％近いから、関東商事にとってプロテックは大切な取引先であり、プロテック事業部にとっても流通網をすべて関東商事に依存しているので大切な相手である。

関東商事は一四〇名の営業マンを持っている。

彼らはそれぞれ担当地域を持ってプロテックや他のメーカーの検査薬を病院に売りに行く。

この業界では一次代理店の次にもう一つ代理店が介在することが多く、流通が二段階になっている。関東商事の場合、主だったところだけでも全国に二〇社以上の二次店が、プロテック事業部の製品を取り扱っている。

病院への納入価格は競争の少ない製品や革新的な新製品であれば定価のままで売れるが、競争が激しいと値が崩れ、一〇%ぐらいの値引きは当たり前になっている。

メーカーから一次代理店への仕切は通常定価の三〇〜三五%引きである（販売に手間のかかる製品であれば四五%引きというケースもある）。

このメーカー仕切価格は一度決まればかなりの期間固定されるのが普通であるから、一次店と二次店は自分たちのマージンとユーザーへの値引きを、この枠のなかでやりくりすることになる。

広川の見るところ、プロテック事業部の営業部隊が機械の販売に不馴れであるのと同じように、関東商事の営業マンも機械の販売には全く未熟のようであった。

メーカーと代理店の営業マンは営業活動を一緒に行ったりして協力し合うのが本来であるが、プロテック事業部の場合、関東商事の個々の営業マンとの関係は意外に疎遠であった。

ジュピターのキャンペーンもプロテック事業部のスペシャリスト四名が駆けずり回るばかりで、関東商事のバックアップはあまり活発とは言えなかった。

広川は初め、関東商事の営業にかなりの問題があると考えたが、しばらく様子を見ていくと、プロテック事業部の方に大いに問題がありそうであった。

ユーザーとプロテック事業部の営業マンとの中間に代理店があるため、プロテックの営業マンの**社外から見た営業責任**がはっきりしないのである。

わずか二二名の営業部員しかいないプロテック事業部にとって、関東商事の一四〇人の営業部隊は貴重な存在である。

半面、プロテック事業部の営業マン自身が病院とのやりとりを直接行い、そのビジネスに全責任を負う立場に追い込まれない限り、プロテック営業部隊の体質強化や士気向上はあり得ないのではないかとの疑問を広川は持った。

しかし、一〇年以上も続いてきた総代理店との関係に、新任早々の広川が口を挟むことは、微妙な問題だと思われた。

競合相手の力を探る

飛行機があと三〇分ほどでサンフランシスコに着くと告げられると、広川は右側の窓に身を寄せ、朝日に輝く地上を見つめた。

日本から飛んできた飛行機はいつも、太平洋岸から小さな山脈を一つ飛び越え、スタンフォード大学の上空に達する。

もう十二月になっている。カリフォルニアは冬になると雨が降り、野山は緑になる。

スペインふうの赤い瓦《かわら》の屋根が並ぶキャンパスの中央にひときわ高く建っているのは、この大学の第一回卒業生から生み出した米国大統領フーバーを記念するタワーだ。

ノーベル文学賞の旧ソ連時代の作家ソルジェーニツィンが国外追放になって米国に来た時、一時このタワーが彼の書斎にもなった。

飛行機はあたかもそれを目標にしていたかのように翼を大きく左に振り、サンフランシスコ空港への着陸態勢に入っていく。

広川にとっては、重要な意味を持つ渡米であった。

新日本メディカルに赴任してきてから、ようやく三カ月がたとうとしていた。

ジュピターの類似品はまだどこからも発表されていない。しかし、いつまでも他社が放っておくわけはない。

いちばん怖いのが世界的メーカー、ドイツ化学の動きである。このドイツ化学の動きについては、米国のプロテック本社が、最も正確な情報をつかんでいるはずであった。

ドイツ化学の事業のなかでは地味で小さな分野だといっても、ドイツ化学の旧タイプ製品の売上高は世界で一〇〇億円以上、臨床検査薬の総売上高数百億円の中核になる商品だ。

プロテックが彼らの製品を陳腐化させるジュピターを出してきた今、ドイツ化学がこのまま黙っているはずがない。日本でのシェア六三%や世界市場での彼らのシェアを守るために、対抗商品の開発に必死のはずである。

広川は全国の営業マンに命じ、ドイツ化学の動きを探らせたが、今のところジュピターと同じ機械を売り出す動きはなかった。ただ噂として、数カ月以内に発売するのではないかという話が二、三の病院関係者からあったが、真偽のほどは分からない。

しかし社内スタッフの意見は、ドイツ化学からの対抗製品の登場は時間の問題だということで一致していた。

そんな折も折、プロテック社のスチール副社長が、広川の渡米を強く要請してきたのである。情報収集にはちょうどよい。

広川は小野寺の許しを得て米国に飛んできたのだ。

広川はスチール氏に一度会ったことがある。まだ広川が第一製鉄にいた頃だ。スチール氏はその時、広川に鮮明な印象を持った。

彼は広川のような男がジュピターの日本での事業展開をやってくれれば、話がずいぶん違ってくるだろうにと思ったのである。それが現実になったのには驚いたが、そうなってみると別の心配が出てきた。

この分野で経験のない広川がプロテックの仕事に馴れるには、時間がかかり過ぎて、次の戦略展開が遅れてしまうのではないかと懸念していた。

翌日、広川はシリコンバレーの中央に位置するプロテック社を訪ねると、挨拶もそこそこに、プロジェクターを使ってプレゼンテーションを行った。

これからどうするか、新しい戦略ができ上がったわけではない。広川はこの三カ月間に見たこと、聞いたことを、どう解釈するかを語った。

新日本メディカルは、プロテックの子会社ではない。何もへりくだって社内の実情までさらけ出す必要はなかった。しかし、広川は小野寺社長の了解を得て、正直に現状を話した。そうでもしなければ、これまでジュピターが売れなかった理由を十分説明することはできそうもなかったからである。

スチール氏は広川の話に大きな安堵《あんど》を感じた。

彼は、広川がこの三カ月間、予想外に速いスピードで現状把握を進めたことに感心し、これなら新日本メディカルとの契約関係をこのままにして、しばらく様子を見るべきだと思った。

実は本音を言うと、今からジタバタして新日本メディカルの代わりの日本企業を探しても、ジュピターの拡販には間に合わないぐらい、競合の足音が背後に聞こえはじめていたのだ。

「ジュピターの販売は米国市場では完全に軌道に乗りました。去年一年間で一二〇台、今年は一五〇台ぐらいまでいきます。それも価格の高い自動化タイプです。**米国の市場規模**は日本の約二倍ですから、新日本メディカルの七台というのはどう見てもおかしい」

広川が頭のなかで計算してみると、この二年間に米国では円換算で二〇億円を超えるジュピターが全米の病院に納入されたことになる。

「ヨーロッパではどうですか」

「ヨーロッパは一つひとつの国の規模は日本より小さいのですが、すべての国を合わせると年ペースで一〇〇台くらいです。**ヨーロッパの市場規模**は日本の一・五倍くらいです」

「販売戦略のかなめは何ですか」

「営業部隊のなかにジュピター専任のスペシャリストを配置したことです。機械のデモンストレーション、売り込み、納入など一連の営業活動を彼らに専門的にやらせ、一般の営業マンはスペシャリストのサポート役になっています」

「あなたのアドバイスで、新日本メディカルでもこの一年間同じ方法を取り入れてやってきました」

広川はもう少しのところで、このやり方が日本でのジュピターの不振の理由の一つになっているかもしれないと言いかけて、言葉をのみ込んだ。

プロテック社の考え方にイチャモンをつけるのはまだ早過ぎると思ったからだ。

「ドイツ化学のシェアはどうですか」

「国によって違います。ついこの前まで、米国では五分五分、ヨーロッパでは六対四で先方が優勢でした。しかしプロテックのシェアがいちばん低いのが日本です」

「ジュピターの拡販でこのシェアは大きく動くでしょうね」

「それは間違いない。こちらは日本より市場が大きいので、急にというわけにはいかないでしょうが」

「ドイツ化学がジュピターと同じものを出す動きはどうですか」

「試作機での**アルファテスト**段階は終わり、ヨーロッパの六カ所で**ベータテスト**をやっています。本格発売まであと半年ぐらいでしょう」

アルファテストというのは親しい顧客や仲間内でのテストのことで、ベータテストというのは、必ずしも好意的でない本当の客先に持ち込んでのフィールドテストのことである。

「そうすると、もうすぐ日本にも来ますね。あと一年以内ですね」

「もし日本でひそかに準備が進んでいれば、もっと早いかもしれない」

「性能はどうですか」

「どうやらジュピターと同じようなレベルらしいです」

アクションの時間軸を見定める

やはりそうか、と広川は思った。もう噂の段階ではないのだ。

このことは、これからのプランニングに決定的とも言える影響を及ぼすように思われた。

つまり、これから組み立てる戦略のすべての「**時間軸**」が、**予想される競争相手**の出現によって否応なしに制約されることになるからである。

広川が気にしていたのはドイツ化学ばかりではなかった。日本のメーカーの参入の可能性を否定できないのだ。

広川はプロダクト・マネジャーのスミス氏に尋ねた。

技術者あがりで今はマーケティングのことにも詳しいスミス氏は、広川より若そうだった。彼は最近の米国のビジネスマンには珍しくタバコの箱を持っていたが、その場で喫う様子はなかった。

「スミスさん、ジュピターの技術的な**開発難易度**から見て、日本のメーカーがマネ製品を出してくるまで、どれくらいの時間的余裕があると思いますか」

「今から二年くらいは大丈夫でしょう」

広川は即座に、それなら一年以内に出てくるだろうと結論した。

戦略プロフェッショナルの要諦❼

時間軸の認識

以前から時間の大切さは誰しも本能的に知っていた。商品を「早く届ける」、会議を「早く終える」、運動会で「何秒で走る」など。その昔は「早起きは三文の得」という言葉もあった。

その「時間」の概念を企業戦略の重要要素としてとらえ、理論化する先鞭をつけたのは、邦訳『タイムベース競争』(原書は一九九〇年)を書いたトム・ハウトとジョージ・ストークだった。

BCGが日本から学んで開発したPPM理論から約二〇年後、再びBCGは日本企業の経営を分析して理論化し、それは世界的に画期的な新戦略論の登場になった。私は二人とその昔一緒に仕事をしたことがあった。私にとって辛いことに、彼らの時間戦略論はバブル崩壊後の日本企業敗北の加速につながっていった。勉強しない日本人の多くは、その歴史から学ぶことをしていない。戦略プロフェッショナルにとって「時間の戦略」は、必ず学ぶべき必須科目である。

広川がここ一〇年以上、第一製鉄の企画室や新事業開発部の仕事で米国企業を訪れ、エレクトロニクス、半導体、新素材、メディカルなどの分野で働く米国の開発技術者に同じような質問をして、当たった試しは一度もなかったのである。

分野にもよるが、米国の開発技術者で日本のことを意識している者は、ついこの前まで本当に少なかった。日本企業に次々とやられながら、それでいて意外に日本の技術開発力に鈍感なのは、米国人が傲慢《ごうまん》だったのか、それとも日本から流れてくる情報が少なかったのか。

米国には長いこと日本という競争相手の開発力を馬鹿にするか無知を決め込む者がたくさんいた。ヨーロッパには気を遣っても、日本には気を遣わない伝統が米国には最近まで脈々と続いていたのである。

それに加え、自分たち開発部門に対する社内の評価を上げるために、日本企業がどれくらいのスピードで追いついてくるかを、いつも過小に表現する傾向があった。

広川の経験では、彼らの言う期間の半分を見るとちょうどよい。彼らが一〇年と言えば五年、五年と言えば二年半、それが日本人のスピードだったのだ。

それにしても、日本の競合メーカーがジュピターの類似品を一年以内に出してくるだろう、あるいは**少なくともそのつもりで戦略を組み立てておく**方がよいという結論は、広川自身にとって一つのショックであった。

あと一年で競合メーカーが次々と出てくるとすれば、競合の観点からは、プロテック事業部が費やしたこれまでの一年間は途方もなく重要な期間であった。

またこれからの一年はそれ以上に重要になるだろう。

競争相手が入って来る前に重点ユーザーに製品を納めてしまえばこちらの勝ちである。

ジュピターはどこの病院もとりあえずは一台しかいらないし、一度買ってしまえば元をとるまでは簡単に別の機種に切り替えるわけにもいかない。

「スチールさん、ジュピターの戦略をゼロから組み直して、一気に拡散に走る体制に持っていきたいと思います。もう少し時間をください」

「あとどれくらいかかりますか」

「新しいアプローチを考えたいのです。どんな戦略を組むかによりますが、案を固めるのに二カ月ください。そのあとは一気に走りますから」

プロテックと新日本メディカルの利害は今、完全に一致していた。

両社ともジュピターの成功がどうしても欲しい。

広川に頼る以外、もう選択肢はなかったのである。

新年が明けた。

正月休みの間、広川常務は自宅でくつろぎながらこの三カ月半に得た情報をつなぎ合わせてみた。とにかく言えるのは、せっかくのジュピターも、間もなく競合が出現するだろうということである。

広川にはよく分からないことがたくさんあるが、いつまで調べていってもキリがない。これ以上のところは**ブラックボックス**でも構わないから、むしろ**決断と行動**の時がきているように思う。

問題は、**競合にせり勝つ戦略**を立てられるかどうかである。

折しもジュピターの納入実績は、十二月に久々に二台が売れ、これで年間の累計は九台になったが、年の明けた一月の納入予定は一台と、引き続き低調の見込みであった。

戦略ノート

選択肢は何か

まず目標を先に決める

広川はようやく現状分析の段階を終えた。本音を言えば、無理に終わらせたという心境に近いようだ。新日本メディカルに来てわずか四カ月足らず、かなりのスピードで彼は仕事をしたと言えるだろう。読者によっては、彼はあせり過ぎたと感じているかもしれない。もちろん、広川にあせりがないと言えばウソになるだろう。もしドイツ化学が対抗商品を導入してくれれば、このチャンスが雲散霧消してしまうことに最初に気づいたのは、他ならぬ外からやってきた広川だったからだ。それにプロテック本社からのプレッシャーもある。

あなた自身が広川の立場にあるとしよう。ここから先、あなたにはどのような行動の道筋が見えているだろうか。

広川はスチール氏との会話で、あと二カ月かけて新しいアプローチをまとめると約束した。つまりあなたは、二カ月以内に全く新しい営業戦略を樹立しなければならない。

そのあと、あなたは自ら前線の指揮官として全国の営業部隊と代理店網を動かし、ドイツ化学の厚い壁に決戦を挑むのである。

言いっ放しではすまされない。あなたは実践的「戦略プロフェッショナル」なのだ。分析だけの参謀であってはならないし、人に言われて動くだけの「働き蜂」にとどまることも許されない。計画を立て、その実行のために泥沼を歩き、しかしいつも夢を忘れず、間違いがあればその場で修正しながら、押したり引いたりして計画を実現していく、それがあなたに与えられた役割である。そこでまず、次の設問に対する答えを出して欲しい。

> あなたは今、このケースによって広川常務が持っているのとほぼ同じ情報を与えられ、彼と同じ立場で決断と行動を求められています。プロテックの経営責任者として次の質問に答えてください。
>
> (1) ジュピターの新年（一月から十二月の暦年）の販売目標（台数）を設定してください。広川常務はこの数字を明日の営業企画会議で発表する予定です。

この質問がここに出てきた理由を打ち明けておいた方がよいかもしれない。実は広川常務自身がいきなり、何でもいいから先にこの数字を固めてしまおうと決心してしまったのだ。しかも彼はその数字を、明日の営業企画会議で部下たちに示そうと決めたのだ。

はっきり言って、広川だってまだいろいろなことが分かっていないはずだ。だからここで目標数字を出すというのも、かなり乱暴というか、いいかげんな話ではなかろうか。だが広川は一つの数字を出すという。だからあなたも出せ、そういうことなのである。

あなたは何を基準にこの台数を決めるのだろうか。去年一年間の九台という実績が、もちろん出発点になる。ケースの文中には、ジュピターのユーザーは二〇〇ベッド以上の病院約九〇〇カ所ではないかという見方も出ている。しかし、その数は潜在市場の大きさには関係しているかもしれないが、あなたが決めるのはこれから一年間だけの売上げ目標だ。

東郷や営業マンたちの雰囲気、意欲、そんな組織的側面だけでなく、販売方法や価格など、考えれば考えるほど、台数に影響を与えることがたくさんある。まさにこれからの戦略次第ではないか。

だがもう一度言う。広川は先にこの数字を決めようとしているのだ。だからあなたにも決めてもらいたい。

あなたが打ち出す
ジュピター新年度販売目標
台

ギャップを埋められるか

ジュピターの昨年の実績九台に対し、あなたの目標はどれぐらいの開きがあるだろうか。広川はこれから二カ月で、このギャップを埋めるための戦略を組み立てなければならない。

それをやるためには、まずは、これまでの現状分析の整理だろう。そこで、勉強熱心な読者には次の質問が出てくる。

(2) 新年の販売目標を達成するため、またプロテック事業部の長期の成長をねらうためには、あなたはどのような改善策をとりますか。

(イ) 短期的に解決すべき課題と長期的に解決すべき課題に分類して列記してください。

(ロ) 特に、当面の抜本的な営業戦略を打ち立てるために重視すべき事柄は何ですか。どんな仕掛けを考えれば「抜本的」になるでしょうか。

いくらケースを読んでも、漠然としか書かれていないので答えられないという人もいるだろう。しかし、ここで諦めてもらっては困る。世の中のどこの会社の社長も、状況がこんなに整理して書いてある資料を手にすることはないのだから、ぜいたくを言っては困る。

会社のなかで仕事をしていると、目の前を、問題にすべきことも問題にすべきでないことも混然として通り過ぎていくから、判断がむずかしい。しかしこの本のケースに、問題にしなくてもよいことがグダグダとたくさん書いてあるわけもない。つまり、答えはほとんどあなたの眼前にある。見えるか見えないかはあなたの眼力にかかっているから、トレーニングのつもりで考えていただきたい。

さて、これだけ言われてもへこたれない勉強熱心な人に、質問があと一つだけある。

広川はジュピターの価格に疑問を持ったようだ。彼は「価格には売り手、買い手、競合の三者の思惑が凝集して現れる」とも言っている。どうやら彼は、この価格問題を突破口にして、新しい戦略を組み立てようとしているかに見える。そこであなたにも、同じことを問う。

(3) ジュピターの価格体系は修正する必要がありますか。価格戦略の良否を判断するロジックとしてどんなことが考えられるでしょうか。必要なら、あなたの立てた販売目標に対応する価格戦略を提案してください。

広川の立場になってみれば、とにかく必死である。自分の言ったことで、事業や会社の明日の運命が大きな影響を受けるのである。戦略理論ばかりでなく、あなた自身のカンもせいいっぱい働かせて、新しい戦略を組み立てていかなければならない。

経営のカンは後天的なもの

私のこれまでの仕事は、頼まれた企業に経営戦略のアドバイスをすることであった。肩書きは、非常勤役員、社外取締役、経営顧問、コンサルタントなどいろいろな呼び方をされるが、やっていることはもっぱら新事業の立ち上げ、赤字に陥った事業の立て直し、リスクの高いベンチャー企業のスタートアップなど、手間と時間のかかることばかりを専門にしてきた。

仕事相手は、依頼企業の社長か会長に限る。彼らの個人的コンサルタントになって、新事業の初期の困難な段階からどうやって抜け出すか、あるいはおかしくなった事業をどう立て直すかなど、二人で一緒に考えながら処方箋《せん》を書き、それに沿って一緒に改善作業を進める。

社長や会長の代理として、必要とあればどんな会議にも出る。問題解決のためなら、朝から晩まで工場のなかをウロウロしたり、営業と一緒に客先訪問に行ったり、人材探しをしたり、経理や財務のシステムを改めたり、資金調達、組織変更などなど、事業を戦略的に良くしていくために必要なことには、何にでも頭を突っ込む。自分でも分からないことは、専門家を探してきて一緒にやる。

コンサルタントの無責任な言いっ放しにならないように、もし仮に私自身がその会社の臨時の社長になるよう頼まれたとしても、自分で実行できるような戦略をいつも模索する。もちろん米国やヨーロッパなど海外にも、必要ならどこにでも飛ぶ。

こんなやり方だから、私は一度にあまりたくさんの企業と仕事はできないし、いったん仕事が始まると、つきあいは長くなる。

ところで、うまくいっていない事業を目の前にすると、その会社の社長が「どうも私は経営のカンが悪いのでしょうかね」と反省の弁を語ることがある。そんな時、私はいつも「そもそもカンとは何ですかね」と反対に問いかける。

「さあ、そう言われると……。三枝さん、私はこれまで会社の方針を決める時に、あまりロジックで考えてきませんでした。あれこれ理屈をこねても、結局、わけの分からないことが多い。最後は結局カンでしたね」

「ええ、それはよく分かりますね。経営のなかでカンというのはものすごく重要ではないでしょうか」

「でも、企業戦略のコンサルタントの人がそんなこと言ったら、何かおかしいですね」

「いや、実績のある練達した経営者の場合、彼の言うことを側近が理解しようとしても分からない。しかし結果的には、その経営者の言うことが当たっているということが多い。横で見ていると、何か動物的なカンがあるように見えるんです。実は、そうじゃないんですが……」

『直感の経営』（日本経済新聞社）の著者ロイ・ローワンは、理屈と数字だけで経営判断を下すMBAたちを「言語明瞭な無能力者」（望月和彦訳）と呼んでいる。我々はよく日本の政治家が「言語明瞭、意味不明」な話をするのを聞かされるが、時としてMBAは言語も意味もすべて明瞭なことこのうえないのに、大切な何かを見落としているという感じを受けることがある。数字が割り切れなければあまりが出てもいいし、例えば新技術開発などの場合には中身のよく分からないブラックボックスは無理してなかを開けることもないのだが、それをすべて論理的にやろうとすると、口達者な人ばかりが勝ってしまう。

経営者はいつも何かが見えない状態で方針を決めなければならない。もし時間がたって誰が見ても結論は明らかだというところまで待つのなら、その社長はいなくてもいいということになる。つまり社長がリーダーシップを発揮するためには、どうしてもカンで決めていく部分がかなり多いのである。

「私みたいに何となくカンが鈍いと思う人はどうすればいいんですかね。カンを鍛える方法があったらいいですね……」

「生まれた時から先天的に経営のカンが良いなどという人はこの世にはいません。ですから、カンの冴《さ》えた経営者はどうやってできるのかという疑問が確かに残ります」

失敗経験と経営の因果律

カンと言っても二つあるように思う。一つは不思議な精神力のようなもので、ピッチャーの投げた快速球が絶好調の打者には止まって見えるとか、右脳の働きで感覚的に何かをつかむ、あるいは瞑想、自己催眠、気、霊媒、その他もろもろの精神的なものから啓示を受けるといったたぐいのことだ。

この種のカンは企業経営のなかでも特に研究開発などで大切である。

特に声を大にして言いたいのは、企業のなかで「うまく説明できないけれどもこの先に何かある」といった感覚を簡単に殺してはならないということだ。MBAが論理だけで利益の見通しなどを問いつめると、こうしたカンは簡単に企業組織から放逐されてしまう。米国経済が七〇年代、八〇年代に崩壊した理由の一つは、ここら辺りに

図3-2｜歴戦の経営者には見えている「因果律」

あったと私は思っている。

もう一つのカンは、感性や精神的なものでなく、もっと論理的な判断に関係する。部下からいちいち分析結果を聞かされたり、論理的説明を受けなくても、何となく結論が見えるというようなカンの場合だ。

例えば部下の言っていることがどんなに正しいように聞こえても、トップが「それは絶対に違う」と言い切る時、そのトップにはどんなカンが働いているのだろうか。

まずすぐに考えられるのは、カンと失敗経験の関係だ。人からカンが良いと言われる経営者は、過去に失敗をあれこれたくさんやっていると、身に覚えがあるはずだ。

「すると三枝さん、経営の神様と言われた松下幸之助氏みたいな人も、表に出ていない失敗をたくさんしているのでしょうか」

「部外者には分かりませんが、常識的に、あれだけ優秀な経営者が失敗なしにでき上がるなんてことはあり得ないでしょう。本当の神様なら別ですが」

「今のわが社みたいに無理押しして、その結果、事業が苦しくなったりすると、新しい問題が芋づる式に出てきたりするんですよ」

「そういうことは、経営者として失敗をしてみて、初めて分かることが多いですよね。あなたは貴重な経験をされていることになります。積極的に攻めることをしない経営者には、永久に分からないことですから」

失敗によって見えてくる原因と結果のつながりを、私は「経営の因果律」と呼んでいる。カンの冴えた人は、この因果律を実体験からたくさん知っているのである。

「三枝さん、成功するだろうと思って始めたことが失敗に終われば、それは因果律を読み違えていたということですね」

「そうです。やってみたらそれまで自分の知らなかった因果律が強く作用して、結果は違う方向に行ってしまったということです」

「なるほど。しかしその失敗で、その経営者は新しい因果律の存在を知るわけですね」

「そうです。次に何かを決める時、その社長は一つ豊かになった因果律のデータベースを参考にしながら、成功の確率を読もうとするわけです」

失敗の擬似体験をしてみる

大きな失敗（例えば倒産）を体験した人が経営に強くなるかと言うと、そんなことはない。社会的信用を失うばかりか、個人的にあまり悲惨な経験をすると、特定の因果律に対して過敏になってしまい、かえってバランス感覚がなくなるようだ。

成功の経験によって崩壊の因果律を学ぶこともできない。快進撃を続けたベンチャー企業が突然崩壊したりするのは、崩壊の限界を自分の視野にとらえるのが遅すぎるからだ。

「それにしても三枝さん、経営者に向かって失敗しろというのは、コンサルタントの無責任発言としか……」

「ハハハ、私も不振企業の再建で経営者の立場に立つことがありますから、そんなアドバイスは何の役にも立たないことは分かります。しかしですね。失敗といってもいろいろあります。例えば、世間的に見れば成功しているのに、社長本人は失敗だと考えることがある」

「どういうことですか」

「結果がいい線まで行っても、それが当初の目標とか計画から外れていれば、それは失敗だと。つまり本人だけが失敗の擬似体験をしているわけです」

「意欲的な経営者なら、確かにそういう擬似的失敗はたくさんありますね」

「そういう経営者は結果に不満だから、なぜだろうってあれこれ追求します。だから、いやでも因果律のデータベースが増えてくるんです」

「しかし三枝さん、そのためには目標とか計画がはっきりしていないとダメですね」

「社長、まさにそこがポイントなんです。失敗の擬似体験をするための前提は、しっかりしたプランニングです」

社長のあなたが、ある程度論理的に筋道を立てた事業経営をしてみて、それがうまくいかなかったとしよう。次はその失敗をしないための工夫をしながら、もう一度筋道を立て直してみる。

そうしたプロセスの繰り返しのなかから、今まで考えなかったことに気づく。それが新しく見えた因果律だ。それが、また次のより良い意思決定の布石となる。

つまりカンは本来、経験の蓄積から出てくるものだが、しかし筋道を立てて考えるやり方（プランニング）を繰り返すことでカンの体得が加速され、ただ経験に頼るだけの人よりもはるかにカンの冴えた経営者ができ上がるのである。

つまりカンと論理的なプランニングは、互いに矛盾するものではなく、相性のいい補完関係というわけだ。

成功のシナリオ作り

「三枝さん、何だかあなたのペースにすっかり乗ってしまった感じですが、擬似体験をするにはどんなプランニングをすればいいんですか」

「社長のやろうとしたことがうまくいかなかった時に、そもそも何をやろうとしたのか、時間の経過とともに分からなくなってしまう人が多いんです。目標がどんどん移っていって、何をもって成功と呼ぶのかはっきりしなくなるんです。こういうやり方をすると、成功もないし、失敗もない、ただ流れていって擬似体験にならない」

「何か、私のことを言われているようで……」

「いえ、ハハハ、ですから、最初の計画を組んだ時に、前提条件として想定したことが何だったかを何かに書き留めておくといいですね」

書いておくといっても、いつも正式な文書にする必要はない。社長が個人的にメモするのでもよい。時間経過とともに、もともと何をどう判断したのかが分からなくならないようにしておくのだ。

計画が計画通りいかないのは常である。それ自体をいくら責めたところで、いかないものはいかない。大切なことは、当初組み立てた成功のシナリオのどこが崩れてきたかを早く発見することである。

たとえ事業がある程度の成功を収めつつあっても、当初のシナリオとの乖離をシビアに検討することが、あなたの当初の判断の間違いを検証し、そこで「失敗の擬似体験」をすることになる。

「社長や事業部長が旗振りをしながら、こうしたプロセスを社内で繰り返していくうちに、会社のなかに戦略言語が広まって、次第に戦略意識が出てくるんです」

そのような企業は、社員が経営者から下りてくる指示をただ待っているだけの会社に比べて、いざという時の瞬発力が全く違ってくるのだ。

さらに、これは社内でオープンにしにくいが、「失敗のシナリオ」を描くということも有効な手法である。この事業が失敗するとすれば、どういう筋書きでドロ沼に落ちていくか。その場合、どのような逃げの手がありうるのか。これは見えない因果律を読みとろうとする訓練なのである。

会社の体質とプランニング

「ところで、いくらプランニングをやるといっても、どうもそれが定着しない会社があるんです」

「それは三枝さん、その会社の社長がプランニングに興味がないからではないですか」

「その場合はもちろんですが、社長自身は経営幹部にプランニングの癖をつけたいのに、どうもうまくいかないんです」

まず第一に、強烈なワンマン社長の会社が問題だ。なぜなら、権限委譲をしない会社ではプランニングが育たないし、プランニングのない会社では権限委譲が進まない。

「権限委譲の少ない会社では、下の者が計画を立てても、社長の方針がコロコロと変わるから、やがて計画作りなど馬鹿らしくなるんです」

「そりゃそうでしょうね、皆ずるくなって、大将の顔色を見てから動いた方が効率がいいですからね」

「ところがそのために、ワンマン社長から見ると、下の者が何を目指して仕事をしているのかさっぱり分からない。だからなおさら権限委譲がやりにくくなる。悪循環ですよ」

第二に、全く逆のケースで、上から下までサラリーマン根性の染みついた会社もプランニングが広まりにくい。ある程度つじつまの合うものを出しておけば、とりあえずの形は整うからだ。

成功に導くために、あえてリスクをとり、場合によっては会社の風土や組織の壁をぶち壊してでも……そういった気概がないと、本当の成功のシナリオは書けないのだ。

「社内にプランニングを定着させようと思うなら、まず社長自身が自分の考え方や事業の枠組み、将来の方針などを明るく語り、何年間かそれにこだわり続けることが必要です。それに対応して各部門にプランを立てさせ、しつこくフォローすることが必要です」

いよいよ行動の時

プランニングは将来のことを考えるのだから、すべてのリスクを読み切ることは絶対にできない。いかに経験豊かな経営者でも、またあらゆる因果律を知っているつもりでも、どこに未経験の因果律が隠れているか分からない。

戦略ノート

つまり、広川も、あなたも、私も、誰もが常に失敗する可能性を抱えている。しかし、将来のリスクをできるだけ予測し、成功の確率を上げる工夫はできる。たとえ現実がそのシナリオ通りにいかなくとも、プランニングによって我々のカンはさらに磨かれ、事業はよりよい戦略へと導かれていくのだ。

さて、こうしたことをグルグル頭のなかで考えながら、先の質問に答えて欲しい。あなたが編み出す新戦略とはどんなものであろうか。それを固めていくための第一歩が、明日開かれる予定の営業企画会議だ。

広川になり代わって、あなたはそこで何を言うのか。いよいよ、積極的に行動の時だ。

4

飛躍への妙案

しばしの沈黙

「今月のジュピターの売上げはたったの一台しか予定されていない。この現状を見直して、新年度の一二カ月で一〇〇台を販売する体制を組みたい」

一月一〇日に開かれた営業企画会議で、常務取締役広川洋一はこう発言した。

会議が始まってから一分もたたない、のっけからの発言である。

ここで広川は皆の顔を見渡した。

この時の皆の表情を終生忘れないだろうと思った。

張りつめたような緊張が部屋を支配していた。

まず、しばしの沈黙。

皆、善良そうな顔をせいいっぱい無表情にして、ある者はうつ向き、ある者は天井を見て、誰も広川の顔をまともに見ない。

「そんなあ……私は……関係ない……」と言わんばかりであった。

一人だけ広川の顔をまともに見つめながらはっきり声に出して反応した男がいた。

東郷である。

顔を真っ赤にさせながら「エー？」と言った。

だが目は半分笑っていた。広川の話を冗談だと思ったのである。

この反応自体がプロテック事業部の**これまでの組織体質**を物語っていた。

これまで予算はあってなきが如《ごと》しだった。高い営業目標を与えられることはあっても、それで過酷に尻をたたかれるようなことはなかった。

営業戦略もあるようで、なかった。

ジュピターについても、この一年間で九台を売ったのは絶対に悪い成績とは思っていなかったのである。

広川は、一〇〇台という数字がこれまでの彼らの感覚からすればとんでもない数字であるということは分かっていた。

しかし彼自身の立場として、これは当然の数字であった。ここに至って、たかが三〇台や四〇台の発想で取り組むなら、**大きな飛躍**には結びつかないだろう。

福島課長の話
常務と目が合っちゃうと大変ですから、私は下を向いてしまいました。
無茶だと思いました。
開いた口がふさがらないというやつです。でもいちおう、頭のなかで計算してみました。ジュピターを一〇〇台売ったら、売上高がどうなるかを。

機械と検査薬を合わせると、多分、売上高が六億円くらい、粗利益では四億円以上増えるのではないかと思います。

私はますます下を向いてしまいましたよ。だって、我々の商品すべての合計売上げと利益が一年間で一挙に七〇%くらい増えてしまう計算になるんです。

私はこの商売に入って一〇年以上たちますけど、そんな伸び方をした年は一回もありませんでした。

去年のジュピターの売上高五九〇〇万円も、初年度としてはかなりの成果だと思っていたんです。

この業界は地味なんですよ。細かい品目をコツコツ売って、年に一〇%とか、せいぜい一五%くらい伸びる、それがこの業界の当たり前のパターンなんです。

売るのに手間がかかるし、それだけ経費もかさむ、だから粗利益の高いことが許されている、そんな感じです。

それが一年で七〇%も伸びたら大変なことです。

本音を言うと、広川常務はよその業界から来た人でしょう。鉄鋼会社にいた人に、この商売のことがそう簡単に分かるはずはないと思いました。

もう少しすれば、常務にこの**業界の特殊性**が見えてくるのではないかと思います。

常務に対する反感?

いえ、それはなかったですよ、全く。

皆もそうだと思います。会社に緊張感が出てきて、何か面白いことが起きそうな感じですから。

あの方は、**営業でたたき上げた者とは違う見方**をします。

この三カ月の動きを見ていても、言うことは理に合っていますね。

え、私の言っていることが矛盾している？

あの、はい、でも、もう少しこの業界の特殊性を理解されるといいと思ったんです。

だってジュピターを一〇〇台売るなんて、むちゃくちゃですよ。

この数字はどこから出てきたんでしょう。

売れないはずがない

社員が「業界の特殊性」や「**地域の特殊性**」を持ち出す時は、経営者としては要注意である。その言葉は、新しい考え方、新しい戦略に対する、ささやかな抵抗の表現であることが多いからだ。

しかしそこにいた者は、皆、福島課長と似たような感じ方をしていた。

広川の言葉に驚きながら、とっさに頭の整理ができなかった。

常務が無理なことを言い出したな、と困惑しつつも、

「もしかすると、この人の言うことは当たっているのかもしれない」

そんな気もチラチラするので、どう反応したものか分からなかったのである。

新しい戦略への順応は、**それまでの価値観の混乱**から始まる。

まさに今、その混乱のプロセスが始まったのである。

それは広川にとって初めて**リーダーとしての力が試される危険な段階**の始まりでもあった。

しかし広川はひるまず話を続けた。

「一〇〇台の販売ができる、できないの議論はやめて、できるためには何をすればよいかを考えて欲しい」

「もうすぐ競合がやってくる。我々に残された時間は少ない」

「これまでのしがらみを捨てて、**新しく会社を作るつもり**で考えよう」

広川は就任以来この四カ月間を基礎的なデータの整理と社内の観察に充て、その結果どのような結論に達したかを分かりやすく説明した。

「製品性能は明らかに非常に良い」

「価格体系も悪くない」

「今まで競合もなかった」

「これでどうしてもっと売れないのだろう」

例えば価格が今のままでよいのかどうか、広川なりのロジックを立てて検証してみた。

それはこうである。

三〇〇ベッドぐらいの規模の病院では、少なめに見ても月に九〇〇検体ぐらいの検査がある。この病院が旧タイプからジュピターに切り替えたとすれば、ジュピターの検査薬の価格は旧タイプに比べて半分だから、検査薬の購入費用は一年間で二七〇万円も減る。

もしジュピターのいちばん安い基本システムを一〇%値引きさせて、四〇五万円で購入したとすれば、検査薬代の節約によって機械代金は一八カ月で回収できる。

もし月一八〇〇検体の検査を行っている病院なら、たとえもっと価格の高いセミ自動化システムを購入したとしても、その**回収期間**はわずか一六カ月だ。

この回収期間が過ぎた後は、病院は利益が上がる。

しかもそれだけではない。

この計算には検査の自動化によって浮く人件費が含まれていないから、実際の回収期間はもっと短くなるはずだ。

それに加えて、医療上のメリットがある。

検査結果の報告がずっと早くなるし、検査の精度も良くなる。

「経済性から見て売れないはずはないし、それ以外のメリットを加えたらなおさら売れないはずはない。君たちはそんな素晴らしい製品を手にしているんだ。世間の人が聞いたら、うらやむような状況だ」

こうした説明に続いて広川はこう結論した。

「どうやら問題は、製品自体や市場性ではない。我々の**取り組み方のどこかが狂っている**としか思えない」

新しい発想の糸口

広川はこの会社に来てから、ジュピターという機械を、単なる機械としていかに売るかばかりを考えてきた。

機械に不慣れなのは、売る側のプロテックや代理店の営業マンばかりではない。買う側にも、ジュピターはG検査の分野では初めての自動機器だから、慎重に取り組もうという姿勢が少なからずあった。

この壁を破って、どうやって機械の売上げを増やすか。

しかしある日、広川は単純なことに気がついた。

自分たちが売ろうとしているのは本当に機械だろうか。実は検査薬ではないのか。

そうだとすれば、機械は**商売のわき役か舞台道具**として位置づけてしまった方がよいのではないか。そう割り切れば、違った売り方も考えられるのではないか。

当事者としてどっぷり浸かってしまうと、**社内にできた既成概念**にとらわれる。外部からやってきた広川でさえ、ついそのペースに乗ってしまい、**人から見れば当たり前**と言われるこんなことに、一カ月前まで気づかなかったのである。

広川は一同に問いかけた。

「私自身あちこち歩いて見た結果、どうやら最大の障害になっているのは、ユーザーの予算制度だ。病院の検査の担当者がジュピターをどんなに欲しいと思っても、高価な機械への投資はすぐには認められない。これを突き崩す方法を考えつけば、一気に売れ出すような気がする」

「そのためには、初期のリスク感を思い切り少なくしてあげる方法が必要だ。つまり、彼らの初期投資を少なくする方法だ」

ユーザーの多くが「資産購入」の予算に縛られて、今から一年以上もジュピターを買わないかもしれないという恐れが広川をとらえていた。それを待っていたら、ドイツ化学や日本の競合メーカーから類似品が出揃ってしまう。

何とかジュピターを資産購入の分類から外すことによって、病院内の複雑な承認手続きを避ける方法はないのか。

経費で落ちるのなら、**購入決定者のレベルが下がる**可能性が強い。その差を突けば、こちらは攻略しやすいという考えであった。

「誰でも思いつくのはリースだろう。しかしリースは、その機械が気に食わなくて解約しようとすれば、契約の残額を全部払わされるのだから、リスク感という点では一括購入とちっとも変わらない」

「しかも、我々自身がリースをやれば会社は財務負担に耐えられないし、かといって、リース会社に頼めば機械の価格が高くなる。しかもリース契約となれば、病院内では一括購入の場合と同じような手続きを経なければならないようだから、どうやらこれが答えではなさそうだ」

「そこで、誰でも思いつくリースではなく、**似て非なる面白い方法**はないだろうか」

聞いていて、福島は依然として考えが揺れていた。

「この人……**いつもへんなことを言い出す人**だけど……そんな虫のよい話があるのかな……」

それが福島の本心であった。

広川は話を変えた。

「検査薬の価格については、安くすればいいというものじゃない。五〇〇円の旧タイプに対して、製品の質はこちらの方がはるかに良いのだから、本当はむしろ高くして六〇〇〜七〇〇円くらいにしたっていいぐらいだと私は思う」

「それは極論にしても、現在の二五〇円と旧タイプの五〇〇円の差のなかで我々が**政策的に遊べる余地**がまだある」

「価格のことはもう少し強気に考えた方が、かえってユーザーから正当な評価を得られるような気がする」

問題の根源は何か

広川はジュピターの売れない理由の一つをユーザーの予算制度だと言った。それは間違いなく、彼が全国の病院を訪ねたうえで確かめた大きな問題点であった。

しかし、ジュピターの売れない理由がそれだけであるはずはない。

広川は、最大の問題は現在のプロテック事業部の組織そのものにあると見ていた。しかし、その問題が何なのか、彼は皆に説明しようとはしなかった。

この時点で、現状の組織がいかにダメかを説明したところで何の益にもならないと思ったからである。

しかし、彼の頭のなかには次のような問題点が見えていた。

問題の根源

(1) 営業の「**リーダーシップ**」が足りない。
(2) 販売の「**目標**」がはっきりしない。
(3) 営業の活動に「**絞り**」がない。
(4) 製品の良さを説明するための「**道具**」が足りない。

(5)　代理店まかせで「**顧客**」がつかめていない。
(6)　こんな状況でずっときたから何をやるにも「**自信**」がない。
これを改善するにはどうするか。

口うるさく社員を叱《しか》り、尻をたたいて追いたてればいいのか。そんなタイプが中小企業の社長によくいるじゃないかと、広川は思った。しかし、どうせそんなやり方をしても、長続きはしないだろう。

広川は信じていた。

企業の経営改善には「戦略」が必要だ。

そして、それを実行に移すための具体的「**プログラム**」が必要だ。

社内の誰もが理解できる「**単純な目標**」と、その実現を支援してやるための一連の「プログラム」を打ち出すことによって、「**目標と現実のギャップ**」に橋がかかる。

そうした手法を根気よく繰り返していかない限り、長丁場の経営改善は進まない。

それを支えるためには、組織のなかに「**戦略意識**」が醸成され、社員が共通の「**戦略言語**」を喋《しゃべ》るようにならなくてはいけない。

プロテック事業の社員たちがこれら六つの弱さを克服し、ダイナミックで強い企業組織に変身していくことは、果たして可能だろうか。

広川の話は終わろうとしていた。

マーケットシェアを容易に変えられるのは製品ライフサイクルの初めの頃しかないことを、広川は分かりやすく皆に語った。

「今、プロテックのマーケットシェアを一〇%増やすのに必要な資金と労力を一年後に使っても、競合が入ってきた後ではシェアは一%しか増やせないかもしれない」

「逆に二、三年先に一〇%のマーケットシェアがとれるものなら、今やれば五〇%も六〇%もとれる可能性が強いのだ」

「ドイツ化学にやられている現状が当たり前だと思わないことだ。経営のセオリーがそのことを示している。君たち絶対に諦めないでくれ」

「新しい営業プランの立案に一カ月、決まったことからどんどん準備を進めて、遅くとも三月には新しい営業方針のもとで走りだしたい。とにかく我々にはもう時間がないのだ」

戦略プロフェッショナルの要諦❽　リーダーの戦略思考と腕力

広川洋一はいきなり高い目標を示しただけでなく、その目標に至るための新営業施策の検討を、目標を喋ったあとのこの先の頁で、幹部に考え始めさせている。常識的には、順序が逆である。思慮深い広川洋一が、突然、社員を驚かせる行動に出たのはなぜだろう。

彼は考えたのだ。成り行き任せにすれば社員が設定する目標はせいぜい二、三〇台だろう。そこから始めれば大胆な営業施策案も出てこない。そうなれば目標をさらに下げる議論にもなりかねない。広川はあらかじめ幹部の退路を断って、大胆な戦略発想を迫りたかったのだ。

東郷だけでなく組織の巻き込みを始める段階で、広川は「直接話法」を仕掛けたのだ。東郷の前向きの姿勢が「間接話法」で社内にじわじわ伝わっているという事前の読みがあったことはもちろんだ。しかしリスクのある進め方だ。

戦略プロフェッショナルを目指すあなたは、広川の行動が「戦略の論理性」だけで説明できないことにお気づきだろう。そう、広川は政治的判断を含む経営リーダーの「腕力」を振り回している。皆の心理を自分のコーナーに追い込もうとしている。あなたが将来プロ経営者に近づきたいなら、単なる腕力でなく、『戦略思考』に支えられた『腕力』の振り回し方を覚えていかなければならない。

リーダーシップの確立

東郷の話

会議が終わったあと、その場に残るように広川常務に言われました。

さっき「エー?」なんて私が真っ先に言っちゃったんで、怒られるのかと思いました。

一〇〇台の話を聞いて、ずいぶんふっかけられたなと思ったんですが、話を聞いているうちに、上に立つ者としてはどうも私の方がおかしいのかなという気もしてきました。

だいたい、広川常務とやっているとこういうパターンが多いんですよね。

皆が会議室を出て行ったあと、常務が真剣な顔をしてこう言うんですよ。

「これから二カ月かけてやる新しい戦略の立案では、東郷君、きみが作業のヘッドだ」

「そこまでは考えていました。頑張ります」

「問題はそこから先だ。君、企画の仕事をやって何年になるのかな」

「入社して、最初の四年は営業マンでしたから、企画は七年間です」

「もう企画は卒業でいいだろう」

「……」

私は次に何を言われるのか落ち着かなくなりました。

「企画ばっかりやって偉そうなこと言っていると、そのうち足腰が退化してくるし……」

「私、何をやるんですか」

「営業部長」

「エー？」

「小野寺社長の了解も先週いただいた。これは決定だ」

それはないでしょう、私はまだ三三歳です、そう叫びたくなりました。

広川常務によれば、今のプロテック事業部は新しいリーダーシップを求めている。

組織作りは上からいじるのが鉄則だ。

だからおまえやれ、こういう論法なんです。

「君は**自分で立てた案を自分で実行**するのだ。営業部長として」

「大変ですね」

「言いっ放しで人にやらせるより面白いよ」

「できるかどうか自信はないです」

「君も将来の自分の成長を考えながら、**若いうちにたくさんの部下**を持って、**業績の責任を背負う立場に早く立つ方**がいい」

広川常務はそれを自分に向かって言っているような言い方をされました。

将来事業家として成長することを望むなら、人の上に立つことに慣れなければならない。そんな経験はなるべく若いうちからやった方がいい。

自分がこの会社に来て一人で苦心してみると、しょせん、本当の人材は**最前線の修羅場**を通り抜けなければ育たないのだと分かった。

広川常務はそんなことを言って、とにかく私にやれと言うのです。

「君だけでなく、この際、営業の若手を思い切って昇格させて、各地の営業責任をはっきりさせたい」

「私と同じで、皆まだ頼りないですけど……」

「かまわん。君らの**足より少し大きめの靴**をやるから、勝手に自分で足を靴に合わせろ。もっともこれじゃ、まるで昔の軍隊の話みたいだけどな、ハハハ……」

「考える集団」へ

広川は東郷のこの四カ月の行動を見ていて、彼がこれからの激戦を統率していくだけの十分な**統率能力**と戦略意識、そして**上方志向の意欲**を持っていると確信していた。

東郷は明るく、人望もある。

これまで全国の営業マンを統括していた福島課長は、東郷と入れ替わりで企画担当に回る。能力的にもその方が向いているというのが広川の判断であった。

一晩考えた後、東郷がその話を引き受けたことは言うまでもない。

彼は一見ソフトな風貌《ふうぼう》だが、こんな時に嫌だと後込《しり》みするような男では絶対にないと、広川は初めから思っていた。

こうして新しい方針と組織体制が打ち出され、その日から昼夜をおかない議論と試行錯誤のプランニングが始まった。

内心で多少の疑問を持ちつつも、広川の言う通りに「とにかくやってみよう」と一同が気持ちを合わせたのである。

彼らは長いこと、このようなリーダーシップを渇望していたのに違いない。

東郷を中心とした作業は次第に熱を帯びていき、あたかも幹部のなかに一つのフィーバーが走ったかのようであった。

麻雀や夜飲み歩く話はどこかにいってしまった。

彼らは会社の近くの旅館に毎日のように泊まり込み、日曜日にも広川の自宅に押しかけて意見と指示を求めた。

ピントはずれのアイデアも出たし、出口の見えない議論に時間をかけることもあった。

広川は彼らに同じことを問い続けた。

「**それで勝てるか**」

「それで勝てるか」

「それで勝てるか」

しばらく彼らは答えあぐね、考えあぐねた。

しかし、こうしたプロセスが、彼らには新鮮であった。

広川と東郷を軸にして、皆が燃えていた。

仕事に熱中し、それが全く苦痛ではなかった。

七転八倒しながら、「**考える集団**」になろうとしていた。

ある日東郷が会議室でその夜の作業を切り上げようとした時、妻から電話があった。

図4-1 プログラム1

アドオン・プログラム

［目的］

病院のジュピターへの初期投資をゼロにすることにより納入台数を増やす。同時に、機械代金を（原価ばかりでなく利益も含めて）100%回収し、あわせて検査薬の消費も促すという一石三鳥のシステム。

戦略成功の突破口

［内容］

1. まずジュピターの機械を無償で納入する。
2. 検査薬は定価250円／テストに、機械代金を加えた価格（アドオン価格）で販売する。

   価格設定 本来の定価250円／テスト
   アドオン定価420円／テスト

   旧タイプの定価500円／テストに対しアドオン定価でも十分戦える価格設定ができた。
3. 病院がアドオン定価によって機械代金の支払を完了すれば、その時点で、機械は病院のものになる。
4. 例えば月平均900テストを行う病院が、ジュピターの基本システムを定価の10%引きで買ったとすれば、18カ月足らずで機械が自分のものになる。これより多いペースで検査をすればもっと早い時に機械は自分のものになり、あまり検査をやらなければそれだけ時期が先にずれ込む。
5. 機械代金の回収が終われば検査薬の購入価格は本来の定価に戻る。

図4-1 **プログラム1 つづき**

6. 機械納入時に、検査薬の必要購入量が分かる回数券のような切符を渡す。検査薬を注文するたびにこの切符をちぎってプロテックの営業マンに渡してもらう。
   手元の切符がなくなった時が機械が自分のものになる時だから、それを楽しみに検査薬を注文してもらおうというアイデア
7. 高価な自動システムを購入するユーザーには、より多くの検査薬をアドオン価格で買ってもらわねばならない。しかし、検査薬の消費量も多いので、やはり16カ月程度で機械を自分のものにできるよう設定することができた
8. 新日本メディカルの資金的負担は、毎月回収が進んでいき、利益も含む全額を回収できるので財務的に十分耐えられる（機械の原価だけの回収なら数カ月以内に終了する）。

［実行日］

2月20日の営業会議で発表。
一同の表情が、急に明るくなった。

これは
いけそうだ！

図4-2 プログラム2

組織変更

[目的]

全員セールスでジュピターの拡販に当たる。また地方への展開を充実する。

[内容]

1. スペシャリスト制を廃止し、全国の営業マンがジュピターの拡販に当たる。
2. 地方展開を強化する。

仙台　1名増員

札幌　営業所開設、1名配置

小さな営業組織では当然

[実行日]

1. は2月1日。
2. は、仙台3月、札幌4月。営業マンの数は合計24名となる。

これにより営業拠点は次の7カ所になる。

札幌、仙台、東京、名古屋、大阪、広島、福岡

米国プロテック社の1年前のアドバイスをくつがえす内容だが、皆はこの方がよいと納得。

図4-3 プログラム3

機械の直販化

[目的]

プロテック営業マンに自力で販売をする力をつけさせなければならない。

[内容]

1. ジュピターの機械を直販にする。関東商事との関係を将来とも維持するため、検査薬は従来通りのルートで販売する。
2. 機械の無償納入による資金負担と、その回収のリスクはすべて新日本メディカルが負うので、その意味からも機械を直接管理せざるを得ない。

[実行日]

1月末より関東商事との交渉に入る。

これは大変な決断であった。交渉は難航し、感情的なやりとりも起きる。どう交渉をまとめるかが大きな問題になりつつある。ヘタをすれば大変なトラブルになりかねない。

この難局をどう乗り切るか

図4-4 プログラム4

販促ツールの整備

[目的]

この複雑な製品を口頭だけで説明するのでは営業効果はあがらない。また展示会やイベントの開催によりムードを盛り上げる必要もある。

[内容]

1. 販促ツール
   - 製品カタログ
   - ユーザーの手引き
   - ウォールチャート
   - 文献コピー
   - 会社案内（作り直し）

   思い切ったお金をかけて最高のものを

2. 販促プログラム
   - 研究会の開催
   - 学会展示
   - 海外専門家による講演会、等

[実行日]

できるものから順次手をつけていく。販促ツールは3月から順次でき上がり、4月までに揃え、販促プログラムも5月頃から活発に始める予定。

図4-5 プログラム5

「提案書」の作成

[目的]

販売ツールの目玉。ジュピターを設置した場合のメリットを文書化し、個々の病院の責任者宛に提出。

[内容]

1. もとコンピューターメーカーにいたことのある営業マンのアイデアを採用。ユーザーの組織のなかで説明が「一人歩き」しても大丈夫なように、分かりやすく文書化。
2. 病院のトップをねらい、ジュピターを購入した場合の経営的メリットに重点を置く（したがって普通の製品パンフレットなどとは全く違う内容）。それぞれの病院の経営データを分かる範囲内で織り込む。
3. 簡単にゴミ箱行きにならないようきれいに製本。

営業マンには新鮮な切り口

[実行日]

攻勢開始から2、3カ月後に導入。

この提案書は提出するタイミングが大切。早すぎても遅すぎてもいけない。

宛先を誰にするかも重要なポイント。

図4-6 プログラム6

営業インセンティブの実施

［目的］

拡販に成功した営業マンに報奨を与える。

［内容］

1. 金銭の報奨
   - 納入1台ごとに担当営業マンにX万円
2. 年間インセンティブ
   - トップセールスマンは米国本土にて研修（帰路ハワイ）

社内的バランスに文句が出る

［実行日］

3月の営業会議で発表。

新日本メディカルにはこれまで営業報奨はなかったので、大きな反響を呼んだ。「報奨金は妻に内緒の小遣いにしたいから、銀行振り込みでなく現金で支払って欲しい」との要望あり、全員爆笑。

短い会話だったが、何かいつもと様子が違う。すぐにまた、今度は彼の母親から電話があった。何と彼は、浮気をしているのではないかと疑われたのである。

妻は、こんなに仕事に夢中になって家に帰ってこない夫の姿を、結婚以来見たことがなかったのだ。

彼女は思い悩んで、夫の母親に相談に行った。

母親にとって、子供はいくら歳をとっても、子供だ。その母親が、こう言ったのだ。

「確かにおかしい。子供の頃からろくに勉強もしなかったあの子が、そんなに仕事をするはずがない」

誰もが、文字通り「新しく会社を作るつもりで」ジュピターの戦略を練った。

そして二月の初旬から三月にかけて、次々と新政策が打ち出された。

組織の葛藤《かっとう》

この二カ月は滅茶苦茶なスピードでの新戦略立案であった。

まだ新戦略の実行が始まっていない現在、誰もが内心ではどれくらい売れるのか疑問に思っているに違いない。広川にも確かな成算があろうはずもないのだ。

しかし、新体制の下で東郷や福島などのスタッフは熱病にとりつかれたように**改革の意気**に燃えていた。もしかすると、彼らは何かを成し遂げるのではないか、そんな気が広川にもしてくるのである。

しかし、広川のやろうとしていることは、新日本メディカルの社内外にいくつかの波紋を投げかけた。

この二カ月ほどは、広川にとっても彼のスタッフにとっても緊張の連続であった。

まず営業マンに対する**金銭的インセンティブ**の支払いについて、他の部門から批判があった。総務部長の大井と、医療機器事業部の営業部長川原が特に異論を持ったようだ。

別に、個人的に広川を批判しているわけではなかった。むしろ、これまで彼らは広川には協力的であった。

彼らの意見を集約すると、報奨金を内勤の社員に払わないのは困る、また営業マンに払うならグループ別に払い、それをグループのなかで平等に分けたらどうか、という意見であった。

確かにこれは会社全体にかかわる問題であった。

広川は、この報奨制度をぜひとも全社の営業マンに広げて欲しいと社長に要望した。しかし、その支払い方法はあくまで各々の事業部のなかで決めるべきだと考えた。営業インセンティブは、そのときどきのニーズに合わせて独自に企画することが大切だからだ。そして、広川はそのインセンティブを間接部門の人間にまで広げることには賛成できなかった。

小野寺社長は広川の考えを支持して、うまく社内をまとめてくれた。

彼は、何でも横並びが好きな日本の大企業ならいざ知らず、我々のような小さな会社では、苦労した者がそれなりの報酬を受け取るのは当たり前、妙な平等主義は不要だと言ってくれたのである。

次に経理部長の早川からは、アドオン・プログラムによって発生する資金負担についてクレームが出た。回収がうまくいく保証がないというのだ。

広川は社内にあまり敵を作りたくなかったが、これは理不尽な疑問であった。

たった数カ月で原価を回収できるのだから、へんな手形をもらうよりもよっぽど安全な商売であった。

税務上の問題を指摘する人もいた。

というのは、病院に納めた機械は代金回収が完全に終わるまでは新日本メディカルの資産であるのに、その管理は実質的に病院の方に移ってしまっている。だから税務署は、機械が納入された時点ですべて売上げになったと見なすのではないか、という疑問だ。

こうした問題を取り上げて、アドオン・プログラムはやめた方がよいという主張であった。

確かに税務上の心配は残った。しかし、機械代金の回収が終わるまでは機械がこちらのものであることを明示した契約書を作れば、大丈夫ではないかなどと反論しているうちに、この議論は立ち消えになった。

もう一つ広川の予期しなかった反応があった。

この話を伝え聞いたある代理店の社長が、アドオン・プログラムとは「無償供与（寄付）」と同じではないかと聞いてきたのである。

これも完全な誤解であった。

アドオン・プログラムは機械代金の一〇〇％回収を図る。

しかも利益も含む正規の価格ですべての代金を回収するのだ。

そのために検査薬にアドオン価格を設定し、ユーザーの了解のもとに機械代金を回収する。

ユーザーの初期投資をゼロにしながら、機械代金をしっかりと回収するところにプロテック事業部の新しい営業戦略の妙がある。

機械を使えば使うほど、その機械は早く自分のものになり、使わなければその逆という、**誰にも分かる単純な仕掛け**だ。

検査薬の新しいアドオン価格は、旧タイプ品の価格に比べてもまだ少し安いぐらいだから、ユーザーの割高感は全くない。

広川が皆に言った通り、「価格ではまだ政策的に遊べる幅がある」のを「強気に」利用したのだ。

しかも、客先にとっては一八カ月かかる話でも、プロテックの方にしてみれば、機械の原価に相当する代金を回収するのは数カ月のことだから、財務的リスクも、他人が見るよりは断然軽いのだ。

しかし、アドオン・プログラムを外部の人が見れば、表面的には機械をタダであげてしまうように見えるのかもしれない。広川は、商品をタダであげるのなら営業なんていらない、そんなことなら子供でもできると思った。

東郷たちが熱中したプランニング作業では、機械をタダであげてしまうという単純にしてお粗末な発想に行きつくことなく、その手前で妙手を考え出したのだ。

老会長との直談判

一〇年来の取引関係にある関東商事との交渉については、社長の小野寺が成り行きを心配した。彼は広川の方針に反対ではなかったが、あまりドラスチックなことは避けるべきだと広川に言った。

広川も、関東商事との紛糾はどうしても避けたかった。第一、そんなもめ事で道草を食う時間はないのである。

広川は考え抜いた末に、「機械だけに絞って直販扱いにして欲しい」という提案を思いついた。長期的に収益の出る検査薬の方は、従来通り、関東商事を経由するルートで売ることを約束する。しかし、その拡散を助ける役割を持つ機械については、直販を了解してもらおうという考えであった。小野寺社長もそれならいいと賛成した。

ジュピターを商売のわき役か舞台道具だと、戦略的に割り切ったからこそ出てきた発想であった。

関東商事の老練な役員との交渉は、新任の広川にとっては相当骨の折れる仕事であった。

しかし、広川は「プロテックの将来はこれにかかっている」と考えていた。

プロテックの営業マンが自分でモノを売り、客と直接わたり合い、代金を回収してくることがない限り、本当の営業の力のつきようがないのだと彼は確信していた。

だから、何とかこの交渉を乗り切らねばならない。

しかし、交渉の口火を切ってみると、果たして関東商事は、これが将来すべての関係を切られる事態に結びつくのではないかと恐れた。

そして、度重なる交渉では感情的なやりとりも出てきた。しばらくすると、交渉は全く進まなくなってしまった。

そんな時、交渉相手の役員がさりげなく言った。

「広川さん、この問題は、うちの社内では、社長でも決めきれません。その上の人を納得させないと……」

関東商事では、年老いた創業者が実力会長として隠然たる力を持っていた。この役員はそこを突けと、暗に言ってくれたのである。

意を決した広川は二月のある日曜日、単身でこの会長を湘南の自宅に訪ねることにした。

相手の役員や社長の顔をつぶさないようにとあれこれ根回ししたうえで、一対一のトップ会談によって事態の打開を図ろうと思ったのである。

関東地方に雪の降った翌日で、空はよく晴れていたが、冷たい北風が吹きすさんでいた。湘南の小高い丘への道を、広川は菓子折りを持って歩いて行った。一人で、これまで全く面識のない会長に会いに行く。正直言えば少し心細かったが、この役回りを演じられるのは自分しかいない。

社長の小野寺には、もし話し合いがこれ以上こじれた場合には、**収拾役として出馬**してもらわねばならない。二人はそうした事態も予想して、広川が矢面に立ち、小野寺は**控えの陣立て**をとることにしたのだ。漫才のツッコミとボケの役どころとでも言おうか。だから、この訪問は広川が単身で行くしかないのである。

それに、広川は心細いなどと言えた筋合いではなかった。ことのすべては、広川自身が言い出しっぺ、いわば仕掛人なのだから。

古い家で、天気はいいのに部屋は暗かった。

老会長と広川は、それぞれ自分の会社に対する責任を背負って対峙《たいじ》していた。

「話は全部聞いています。しかし広川さん、これまで関東商事が、どれほど努力してプロテックの商品を拡販してきたか、分かってくださっているのでしょうか」

「私は取引をやめたいと申し上げているわけではありません」

「でも、こういう話はいずれそこに行きつく。うちはこれまで、似たようなことでずいぶん痛い目にあっているのです」

会話はぎごちなかった。

年齢が倍以上離れているので、まるで親子のようだ。

広川は、新日本メディカルの真意がジュピターの拡販にあること、それが成功すれば関東商事にも大きなメリットが出ることを根気よく説明した。

そして言った。

「会長、私が新日本メディカルにいる限り、関東商事との関係を切ることは絶対にない、とはっきりお約束します」

明らかに、老会長の気持ちはほぐれていた。

「あなた、第一製鉄におられたそうですね」

「はい、何の因果か、今はこういう立場になりまして」

「第一製鉄のなかでは異端児だったでしょう、ハッハッハ」

「いえ、それほどでも……面白い奴が結構いる会社ですから」

「第一製鉄のような大企業ばかりが、優秀な人材を抱え込むのは日本の社会的罪悪の一つですな」

そう言った後、しばらく老会長は考え込んでいた。

そして目を上げると、広川を見据えて、とうとう言ってくれた。

「あなたの話は分かりました。広川さん、これからもうちの若い連中をよろしくお願いします」

こうして広川は、ようやく関東商事の了承を得ることができたのである。

戦略はシンプルか

戦略ノート

ルート1を目指す

広川は、プロテック事業部をルート3症候群から解放し、ルート1の方向に変身させるプロセスを急速に推し進めつつあった。

この本の冒頭で述べたように、戦略ケース『戦略プロフェッショナル』は、背景について脚色されている部分はあるものの、戦略論で問題にすべき重要な事柄はすべて本当にあったことである。

広川がまず目標一〇〇台を発表したこと、皆が一体になって新戦略を作り出したこと、そして、発表された新戦略プログラムの内容、関東商事の老会長とのやりとりや組織内での葛藤など、新戦略にかかわる周囲の状況も事実のままである。この先さらに話が進んでから出てくる販売ターゲットの件数、実際の販売台数や市場シェアがどうなったかという数字も、現実に起こったことがほぼ忠実に再現されている。ついでながら、東郷が妻から浮気をしていると疑われたことも本当の話である。

ケースの時間的推移も事実に基づいている。広川がプロテック事業部に赴任してから新戦略を打ち出すまでの時間は、ケースに書かれてある通り六カ月であった。本書のこの時点でそのうち四カ月が経過している。

ここで、広川がこの四カ月間にたどってきた戦略検討のプロセスを整理してみよう。

(1) 仕事の優先度

広川はまず、プロテック事業部の改善に取り組むことの意味を、全社的観点から確認した。経営トップの時間が貴重な経営資源であるという認識からである。

(2) 全体市場の俯瞰《ふかん》

プロテックの全体市場を概括的につかんだ。市場規模二〇〇〇億円で成長率は一〇%くらい、大きな競合相手はいないので新日本メディカルがのし上がるチャンスのある業界だと見た。

(3) 戦略製品の抽出

市場をさらに製品別に分け、成長商品とダメ商品を明確に認識した。彼はその作業から、今後の事業部の戦略展開は製品群Aにかかっており、それもジュピターの拡販がカギであると結論[illegible]プロダク[illegible]ライフサイクルと市場シエアの情報を整理し、ジュピターを戦略的に使えるチャンスは今しかないと判断した。

(4) 製品の差別化能力の確認

技術・製品の評価を行ったが、ジュピターの製品内容は優秀であることを確認した。ユーザーの利便性にも優れ、現在の競合技術の最先端を行っていると見た。製品面からネガティブな要素はなく、売れない原因は製品自体にはないと判断した。第三者の目から見れば、広川がこうした結論を出したのは自然の成り行きに見える。しかし、社員のグチや否定的な態度を受け流しながら、「製品はいい。問題はおまえたちだ」と割り切るには、それなりのガッツがいったはずである。

(5) 価格と利益構造のチェック

競合に照らしてみると、ジュピターのこの一年間の価格体系も売るための障害にはなっていないと結論した。従来商品に比べて、価格は全く遜色《そんしょく》ない。利益率は魅力的である。

(6) 戦略ロジックの策定

ユーザー訪問によって戦略展開のネックが何かを模索する作業が続く。競合企業の商売の仕方を探る。この過程を通じて広川は、今の価格はむしろ安すぎるぐらいだとの結論に至り、それよりも資産購入の壁を突き破ることの方が大きい要素だと思うようになった。そして、一見解決がむずかしそうなこの要素を乗り越える方法を探すことに、広川はこだわり続けた。

(7) 組織の強み弱み

広川が次にこだわった問題点は、営業からユーザーへのアクセスが弱いということであった。プロテックの営業マンの士気は低い。しかし、客先を訪問して得た感触では、ドイツ化学の営業マンに比べて質が落ちることはなさそうだ。性格的にいい社員ばかりだから、強いリーダーの下で目標を与え、ベクトル合わせをやれば力を発揮するのではないかと広川は思った。営業マンの間にフィーバーを起こさないと、この先どんな戦略をとってもうまくいかないだろうと見た。

客先へのアクセスという観点から、より強い営業を育成するためには直販体制に切り替えなければならないというのが、広川が出した大胆な結論だった。彼は今回そのチャンスを見逃すと、次にいつできるか分からないと結論した。

(8) 市場ターゲットの絞り

全国の販売ターゲットは約一〇〇〇カ所程度であることが判明した。彼は、これなら個別撃破の短期戦法がとれると思った。これは直販体制に切り替えて大丈夫だとの裏づけにもなった。

(9) 戦略展開の時間軸

時間軸は最大あと一年しかない。ドイツ化学の参入は間近いし、日本企業も一年ぐらいでまね商品を出してくるだろう。そうした時間的制約のなかで、最も有効な戦略を模索しなければならない。この時間軸の設定がプロジェクトのすべての作業スピードに影響を与えた。

(10) 価値観の「混乱化」

広川自身がある程度の戦略ロジックを立て終わった段階で、彼はそれを部下にぶつけていくプロセスを始めた。従来のやり方を否定し、価値観をひっくりかえすことが、組織を新しい戦略に収束していくための第一歩になるのである。しかしそれは、リーダーの立場に最も危険が迫る時期でもある。社長小野寺との連絡を密にし、経営トップが一体となって臨まないと、組織の上から下から、あるいは横からも、社内の不協和音が増幅する。

(11) 新戦略と実行プログラム

社内の揺らぐ価値観をまとめながら新戦略を組み、それを具体的実行プログラムに落とす。広川は戦略の大綱をトップダウンで打ち出した。しかし、実行プログラムは部下の参加型プランニングで組ませるという二段階方式をとった。

こう事後的に整理すれば、次々とスムーズに事が進んだかの印象を受けるが、広川はそれぞれ大いに考えあぐね、確かめに走り、また考えて修正するといったプロセスの繰り返しであった。すべての項目に「競合」と「絞り」の観点がついてまわっていることに注目したい。

しかし、まだこれらの結論が当たっているという保証はどこにもない。広川たちはこれから先、心理的にいちばん不安な段階に入っていく。

戦略は本当に実行可能か

米国のビジネス・スクールを出たMBAたちが皆、理論に基づいて合理的な判断をしているかと言えば、とんでもない話だ。米国でMBAが経営して倒産した会社は数えきれない。経営コンサルタントとして優秀だった人が、事業経営をやったらうまくいかないという話が多いのと同じである。

企業戦略を立てていく過程は、かなり論理的、分析的に詰めていく作業である。だから、そうした分析が得意な人は、たとえ実務経験の少ない人でも、十分この分野で活躍することができる。

戦略コンサルタント会社で、三〇歳になるかならないかくらいの若い社員が結構大きな顔をしていたり、MBAを持っているだけで実務経験がないというコンサルタントが、それなりに企業の経営者と話ができるのはこのためである。

広川もこの意味では優秀な社員であった。

だがそれは、戦略を分析し立案するところまでだ。

論理志向の強い人が正しい論理を積み上げて構築した戦略が、その企業にとって正しい答えであるとは限らない。大企業で、有名な経営戦略コンサルタントが高いお金をとって立案した戦略的事業計画を実現できずに、社の幹部たちがウンウン困り抜いているというケースを私は見ている。これなど、逆説的な言い方だが、事業戦略作りがかえって事業展開を遅らせる要因になってしまうのだ。

戦略計画ができ上がっただけで、すべてが完了したような錯覚にとらわれるというケースもよくある。また「事業計画」が権威を持ち過ぎてしまうのも問題である。例えば事業の責任者自身が、失敗の原因を計画に帰したりする珍妙な現象が起きたりする。

立てられた事業戦略がいくら正論であっても、企業がそれを実行できなければ、その戦略は全くのオモチャ、そのためにかけた費用はドブに捨てたのと同じだ。そんな戦略を無理に実行に移せば意味がないどころか、かえって有害なことが多い。時にはとりかえすことのできないほど回り道になる。だから、事業戦略はその会社の組織能力に見合ったものでなければならない。

しかし、これは現状に妥協しろというのではない。成功する戦略は、会社の体力を考えてまず「戦いの場」を絞ること、そしてそこに、社内のエネルギーを「集中」させていく。その「集中」を実行するために、組織に対し「無理を強いる」「不安を感じさせる」という面を必ず持っている。

そのためにはある程度の強引さを持たなければ、ろくな戦略になっていないはずである。社内の大勢が初めから心安らかに受け入れる戦略などは、競合企業の高笑いが耳元で聞こえてきそうである。

半面、あまり大きな夢を描いて「戦いの場」の絞りが甘ければ、その企業はその戦略を達成することはできない。「集中」させようにも戦場が広すぎるのだ。外から見れば動きがバラバラで、リーダーシップがなく、何かモタモタした感じになる。そんな状態なのに自分たちには戦略があると信じているなら、これもまた、競合企業の高笑いが耳元で聞こえてきそうというものだ。

意図的に組織を揺さぶる

前の章であなたは、いきなりジュピターの販売目標台数を設定するよう求められた。なぜこんな設問が出てきたのか、その理由をあなたはもう理解されたと思う。

もし組織の士気が低く、新製品導入にも慣れていなかった会社が、この一年間の実績に基づいて次の一年間の予測をやったらどうなるか。

プロテックの営業部隊は、この一年で九台のジュピターを売った。広川が来るまでは、それで「割といい線だ」と感じていたのだから、同じ感覚で新年の売上げ予測をやらせたら、そこで出てくる数字は推して知るべしである。

「実績によるプランニング」、つまり過去の実績や経験に基づいて将来の売上げ予測を立てるのは、「勝者の倫理」である。それなのに、負けている者が過去と同じ発想で将来の予測を立てたところで、大した変化を起こすことができないのは明らかではないか。

そこでもう一つのやり方が必要になる。「目標先行のプランニング」だ。まず先に目標を設定する。とりあえず、それが実現可能か不可能かを横に置いておいて、「これぐらいやらないとまずい」という数字を先に出してしまうやり方だ。例えば「競合企業はこれぐらいやるだろうから、我々も最低これぐらい売らねば成功とは言えない」というふうに考えるのだ。

こうしたやり方は、「強いリーダー」がいないとうまくいかない。新日本メディカルの場合、明らかに広川がその役割を演じようとしている。

米国の企業戦略論では、「組織」は「戦略」に従うことになっているが、日本で注目されている組織戦略論によれば、成功している日本の大企業では、「戦略」よりも

「組織」の方が先行しているという。そして、組織のあらゆるレベルが参画して戦略を創り出すことが必要になってきたという。しかし私はこの考え方に疑問を呈する。

一橋大学の野中郁次郎教授によれば、組織のなかに「ゆらぎ」が起こり、そのゆらぎが内部で増幅され一定のクリティカル・ポイントを超えれば、そこで「自己超越」現象が起きて「組織の進化」になるという。そうしたゆらぎを起こす要因はいくつかあるが、例えば「リーダーシップ」とか、「高い挑戦的な目標設定は自己超越の一つの手段である」ということになる。これによって組織が新しいパラダイムに移っていくというのである（野中郁次郎『組織進化論』）。

ひと昔前の我々の表現では、広川は「皆の『発想』を変えさせるために『無理を承知』で挑戦的な目標を打ち出した」となる。それを「ゆらぎ」「自己超越」「パラダイムの転換」などと表現されると、ものすごいことをやっているような気がしてくる。

正直言って学問が生み出す言葉の魅力には感心するが、「ゆらぎ」という日本語は便利至極で、「カオス」「危機感」「ブラウン運動」「ランダムネス」「統計的ずれ」「散逸」といった言葉と重なり、より感覚的には「ガタつく」「揺れる」「ふらつく」「逆らう」「ヤミで何かする」「迷う」「引っかき回す」「遊び」「余裕」といった言葉がそのときどきに関係してくるらしい。

確かに、経営者が組織を活性化しようとする時、こうした言葉のイメージに近い問題が、あれこれ去来するのは間違いない。私が先に述べた「組織の不安定化」も、こうした言葉と同列である。

しかし、野中教授がさらに言うように、このような「組織論」が「戦略」より先行するという議論になると、納得しかねる。「ゆらぎ」の組織論が経営者として実地に使える道具になっているかといえば、今のところ戦略理論のツールとはまだ雲泥の差があると私は思うからである。

というのは事後的に分析すれば、エクセレント・カンパニーにとって組織の「ゆらぎ」が非常に大切な役割を果たしていることは間違いないが、しかし、現在エクセレント・カンパニーでない組織に「ゆらぎ」を与えたら、将来その会社がエクセレント・カンパニーへの道を歩むかといえば、そんな単純な話ではないことは誰でも知っている。

日本企業では戦略よりも組織が先だと言っても、ルート2とか3に近いところで苦労を重ねている日本の大多数の企業の経営者にとっては、目標もはっきりしないのに組織にゆらぎを起こすなどという余裕はあまりないのが現実だし、こうした説を唱えている本を読んでも、戦略的に使える実戦的方法論が打ち出されているとは思えない。

広川にとっては、社内に向かって、まず戦略の目標を提示するのが先であった。

そして戦略を組み立てるプロセスを利用しながら、同時並行的に組織をいじっていく、それが彼のアプローチであった。

ギャップを埋める戦略

「目標先行のプランニング」は、社員にも経営者にも高いテンション（緊張）を強いる。とりあえずは大した根拠もなしに、競争環境や経営者の野心に基づいて数字を出してくるのだから、こうしたやり方をすると、現実離れの数字が出てくることも多い。フタを開けてみれば、実績はそんな目標の足もとにも及ばない数字で終わってしまい、皆がいじけた気持ちになるか、そもそも当初の目標がおかしかったのだと、責任のなすり合いが始まる。

この失敗を何度か繰り返すと、組織全体が白けきってしまい、トップが何を言っても「またか」と信用されなくなる。

こうしたことが起きる原因としては、次のようなことがある。

(1) トップの野心やエゴが強すぎて、成功の基準を高く設定しすぎる。あるいはトップが焦って競合の圧力を過大に感じ、早く先に行こうと無理を言う。

(2) トップに緻密さが欠けるために、「目標と現実のギャップを埋めるための具体的戦略」が作成されない。トップは目標の言いっ放し、部下は無力感にとらわれるという図式になる。

(3)　幹部やミドルの創造的発想が貧困で、彼ら自身で「目標と現実のギャップ」を埋めるための戦略を考え出すことができない。これも、突き詰めるとトップの責任でもある。長年こうしたことを問われたことのない社員たちに、いきなり考えろと言っても、彼らはそうすぐに頭を軟らかくすることはできないのだ。

打ち出された目標と組織の力量にはギャップがある。そういう目標の出し方をしたのだから当たり前だ。

そのギャップを埋めるための新しい戦略を開発することが「目標先行のプランニング」のいちばん大切なところだ。目標の数字を出すことよりも、その方がそもそもの目的だったのだとさえ断言できる。

そして出てきた戦略がそれで行けると思えば、目標をそのまま確定する。戦略の切れ味が悪そうだと思えば、さらに強力な戦略を考案するよう仕向けるか、もし時間がなくなればその時点で目標を下げて、行動を開始するかのどちらかだ。組織のなかに、こうした戦略開発をやりきる体制が整っていないのなら、この手法は悪感情を残すだけで何の益にもならない。

実戦的「戦略プロフェッショナル」の条件

あなたが広川の立場で高い目標数字を口にしたからには、新しい戦略を提示する責任が発生している。その責任を全うしない限り、あなたはあてもなく大きな数字をブチ上げているだけの無責任な上司にすぎない。

では、どうすればあなたはこの責任を全うできるのか。「目標先行のプランニング」を成功させるためには、指揮官であるあなた自身に、次の要件が備わっていなければならない。

(1) トップとして、強いリーダーシップを発揮する覚悟があること。その目標がなぜ達成されなければならないかを部下に説得し、士気を鼓舞し、創意工夫を促し、「共に考え、共に戦う気概」を見せなければならない。

(2) 新しい戦略を考え出す作業手順をマスターしていること。作業のステップごとに、どんな選択肢があるのかきちんとチェックし、責任者として自分でそれを詰めていく「緻密さ」を持っていること。

(3) 誰もやったことのない新しい戦略を実行に移そうというのだから、多少のリスクは気にせず、また何があっても「夜はグーグーとよく眠れる」性格であること。

実はこれは、実戦的「戦略プロフェッショナル」の条件そのものである。リーダーであると同時に参謀であらねばならないというのは、ずいぶんしんどいことではある。

戦略は十分にシンプルか

私の経験では、良い戦略は極めて単純明快である。逆に、時間をかけ複雑な説明をしないと理解してもらえない戦略は、だいたい悪い戦略である。悪いという意味は、やっても効果が出ないという意味である。

良い戦略は、お父さんが家に帰って、夕食を食べながら子供に説明しても分かってもらえるくらい、シンプルである。悪い戦略は、歴戦のビジネスマンに一日かけた説明会を開いても、まだもやもやしている。

営業マンが何かを売りに行く時にも、同じ現象が見える。彼らが良い製品を売り込む時の説明は単純明快である。逆に、時間をかけ複雑な説明をしないと理解してもらえない製品は、だいたい悪い製品である。悪いという意味は、なかなか売れないという意味である。

ある製品市場がプロダクト・ライフサイクルの上を先に進めば進むほど、その業界の新製品の説明は複雑になっていく。次第に競争企業同士の製品の優位差が縮まってくるから、わずかな差を説明するのに苦労するようになるのである。

戦略ノート

早い話が、ビデオの機械を初めて売りに行ったセールスマンは、「テレビの画像を、テープレコーダーみたいに記憶できる機械だ」と言えば、それだけで人々はびっくりだった。近所の子供にも分かる。それが近頃の電気屋では、店員だって何が何だか分かっちゃいない。それだけ複雑化しているから、一機種で獲得できる市場シェアはたかが知れている。

この現象を逆手にとって、反対のことが言える。製品の説明がシンプルですむなら、その製品は市場を席巻できる可能性が大きい。同じように、戦略がシンプルであるうちは、その市場を大きく押さえられる可能性がある。

もちろん、そのときどきのライフサイクル段階によって、これ以上シンプルになりようがないというレベルはあるだろう。しかしあなたの考えついた戦略が、これまでの戦略をさらに複雑にするような内容なら、あなたの戦略はあまりいい内容ではない可能性が強い。

広川や東郷たちはもうすぐ、本格攻勢を開始しようとしている。

これまでに立てられた戦略は十分にシンプルだろうか。

絞りは明確だろうか。

5
本陣を直撃せよ

最後の一押し

新戦略アドオン・プログラムによる攻撃開始を目前に控えて、広川常務、東郷部長と彼のスタッフは最後の詰めに取り組んでいた。

広川がプロテック事業部の責任者になった昨年の九月以来、この五カ月ほどのプロテック事業部の変化は予想以上のものがあった。

特にこの二カ月ほどの間に彼らが示しはじめた積極的姿勢に、広川は正直言って驚いていた。社員の表情に活気が出て、はるかにキビキビしてきた。

彼らが皆、素直な性格であったことが幸いしていた。

新しい営業方針を理解しようと各人がそれなりに努力し、それを**行動に反映**させていこうという雰囲気があった。

不思議なことに、具体的プログラムはまだ何も実行されていないのに、ジュピターの引き合いには活発化の兆しがあった。

広川が就任して以来、ジュピターの拡販を言い続けてきたことで、皆の意識が高まり、それが引き合いの増加として現れはじめているのかもしれない。

ここまでの戦略作業で、広川が感じていた社内のもやもやした空気は次第に晴れつつあった。

・東郷部長を中心に営業組織の「リーダーシップ」が確立しつつあり、
・販売の「目標」が明確になり、
・営業活動を助ける「道具」を揃え、
・ジュピターの直販化によって「顧客」と直接商売する体制を整え、
・営業の努力にわずかでも報いるための「インセンティブ」を導入した。

しかし広川はあと一つ、戦略上どうしても欠かすことのできない問題が残っていると感じていた。

広川は東郷と福島の二人に話しかけた。

「俺たちは、重要なことを見落としている」

二人ともけげんそうだ。これでまだ何か足りないと言われても、すぐには思いつかない。

「売り込み対象のユーザーは、ベッド数二〇〇以上の大きな病院に限るという考え方で、君たち納得だね」

「はい、全国でその規模の病院は九六八カ所あります」

それに加えて、一〇〇社の検査センターが営業対象としてリストアップされていた。検査センターというのは、病院から検査を外注してもらい、臨床検査室の仕事を代行する業者のことである。

これらを合計すると、ジュピターの拡販戦略の対象は全部で一〇六八のユーザーである。

「勝負は今年いっぱいという見方でいいね」

「はい、拡販期間はあと一〇カ月が最大と見ています。ドイツ化学の対抗品が早く出てくれば、この期間はさらに短くなります」

「そこでだ、君たち、このまま戦闘開始で突っ込んでいくには、まだシマリがない」

そう言ってから広川は説明を始めた。

「ジュピターの機械は直販体制になった。売り込みをやるのは我が社の営業マンだけだ。あとは誰も助けてくれない……。考えてもみろ。わずか二四名の営業部隊で、一〇六八のユーザーのすべてに、たった数カ月で密度の高いアプローチができるわけがないだろう」

「ええ、まあ……」

今さらこんなことを言い出されて、何やら立場が逆じゃないか。もともとこっちは自信がないのに……。

「簡単な商品ではない。普通だったら一つのユーザーを落とすのに一年以上かかることもザラなのに、俺たちは一度に一〇六八軒を攻めようというのさ。しかもアドオン方式なんて、この業界じゃ誰も聞いたことのないやり方で」

そんなことは初めから分かっている……。

「そこでだ、最大の成果をあげるために、今ここで何を考えるべきだと思う?」

東郷がおずおずと反応した。

「いちばん売れそうな客先から攻めていくということです」

それ見たことか、といった表情で広川が言う。

攻撃目標はどこか

「それは**アブナイ言葉**だよ」

「……」

広川は続けた。

「いちばん売れそうな客先が、経営的に見て、いちばん獲得したい客先とは限らないぜ」

例のカニバリゼーション（共食い）の話だろうか……。

「問題はそれだけではない。営業マンは、どこがいちばん売れそうか、どうやって判断するのだ？」

「自分の地域のユーザーをいちばんよく知っているのは彼らです。ですから、最初にどこにアプローチするかは、彼らが自分で絞ることができると思います」

ちょっと待った。

そこが、この問題の核心だ。

そこで拡販が成功するなら、今までどうしてドイツ化学の後塵《こうじん》を拝してきたのか。ドイツ化学の営業マンは治療薬のルートを通じて医者に強く、一方プロテックは弱いという。その戦略的意味は、ドイツ化学は大病院や基幹病院に強く、プロテックは中小病院に追いやられているという解釈が成り立つ。

つまり、プロテックの現在のお得意さんには、もともとジュピターに興味を持ってくれる人々が相対的に少ないのではないか。

そんなところでいくら駆けずり回っても、市場制覇には至らない。

この問題を放っておいたら、また同じことを繰り返す可能性が強いのではないか。

広川は信じていた。

画期的な成果を収めるマーケティング戦略は、しばしば、**営業マンのそれまでの常識や習性に逆らう**内容を持っている。

新しい商品に対するマーケティング戦略は、**個々の営業マンが思いつかないこと**を、営業のトップレベルで開発しなければならない。

その戦略が、たとえ営業マンたちのこれまでの習性に反しているものでも、必要ならそれをぶち壊しながら進めていく。

それを強引に実行に移してよいのか、あるいは控え目にやるべきか、それは経営者が下すべき重要な戦略判断の一つだ。

今広川は明らかに、プロテックの営業マンのこれまでの習性を突き崩すことを、東郷と福島に求めているのである。

広川の話は続いた。

「まず、営業マンに自分で攻略先を選定させるという考え方は、今回は捨ててくれないか。もちろんそういうやり方をした方がよい場合もある。しかし、今回ばかりは絶対にダメだ」

そうしないと、プロテックの旧タイプ品がジュピターに切り替わるだけのことだ。

しかも、今度のシェア争いは一つの病院のなかで売上高を分け合うという形ではない。一つの病院のすべての売上げをとるかとらないか、オール・オア・ナッシングの戦いだ。

「一度手こずったら、そこでの商売はこの先何年もアキラメだ。それに今回は時間に限りがある。だから**戦略的に重要な顧客から順番に**攻めていかないと、**時間切れアウト**になってしまう」

広川はもはや、ドイツ化学との競合を避けるつもりはなかった。彼らの市場に真正面から、まっすぐに切り込んでゆく。それは、広川の信念にも似た気持ちだった。

「だから営業の全員が**敵は誰なのか、その本陣はどこなのか**、はっきりと認識してもらいたい。それも、君らが彼らにお説教するだけではダメだ」

そこで福島が口を挟んで質問した。

「営業方針として、文書で示せということですか」

「抽象的な方針ではダメだ。営業マン一人ひとりに具体的なユーザー名を挙げて、朝から晩まで、寝ても覚めても、どこが攻撃対象かはっきり分かるようにして欲しい」

東郷も福島も、まだ何となく分かるようで分からない。

そんなことをやれる方法があるのだろうか。

一〇〇〇以上のユーザーを一つひとつ分類していくのは、結構大変な作業だ。

広川は、もっともだといった風情でこう言った。

「戦略理論のなかに市場のセグメンテーションというのがある。それを営業活動の計画作りに応用してみようと思う。私もそれを実戦に使うのは、これが初めてなんだが……」

広川も、多少自信がない言い方であった。

市場をセグメントする

一〇六八のユーザーを、現在のプロテックの客先と競合企業の客先とに分類するのは簡単な作業である。それぐらいの情報は、各営業マンがつかんでいる。

しかし広川は、それでは不十分だという。

「まず、ジュピターの売り込みに**敏感に反応してくれそうな客先と、それほどでもなさそうな客先に**分類できないか」

広川はオーソドックスなやり方で、市場のセグメンテーションをやろうとしているのだ。

「どんな基準で分けるのですか」

東郷のこの質問に広川は笑った。

「それが分かっていたら、誰も苦労しないぜ。その答えが見つかった時が、セグメンテーション戦略のでき上がりさ」

福島が尋ねた。

「我々がジュピターを売り込みに行った時、人々がどんなメリットを求めるかは、さまざまでしょうね」

「その通り。例えば、アドオン方式に興味を示すところと、そうでもないところ。あるいは、G検査の自動化に強いニーズを感ずるところとそうでもないところ、医学的メリットを重視するところとそうでもないところ……何に注目してユーザーを分類するかで市場のマップが変わってくる」

広川によれば、企業戦略のなかで、セグメンテーションほど創造性を求められるものは他にないという。競合企業の気づかぬうちに、**新しいセグメンテーションを創り出す企業**が、勝ちを収める。

しかし、市場をただ分割すればよいというのではない。

セグメントする基準（**セグメンテーション要素**）は、**戦略目的に「完璧に」合致**していないといけない。そうでないセグメンテーションは使いものにならないか、またはそれを本当に実行に移せば、貴重な時間や経営資源を浪費するという実害を生む。

創り出したセグメンテーションが戦略に合致し、内容が単純明快であればあるほど、それは強力な武器になる。

「その分類ができたら、どう使うのですか」

「営業マン一人ひとりに教えてやるのさ。君の担当地区で、ジュピターに早く飛びつきそうな客先はここどことここだ。反対にここどことここはどちらかと言えば可能性が低いと」

「つまり客先をグループ分けして、攻撃の優先順位を示してやるわけですね」

「そう、獲得の望みの低い客とか、獲得してもこちらのメリットの低い客は後回しにするように分離するのさ」

広川がセグメンテーションを気にするポイントはそこにあった。

うまくできたセグメンテーションは、**客になってくれそうな人々がどこにいるか**を示すだけではない。それは、**客になってくれそうもない人々がどこにいるか**も示してくれるのである。

時間的プレッシャーの下で戦略展開をする時には、それは営業マンが**近づいてはならないセグメント**になるのだ。

しかし「創造性」が必要だなどと言われても、東郷は困ってしまう。

もう少し具体的な指示が欲しい。

広川はさらに突っ込んだ説明をした。

図5-1 広川の示したセグメンテーション・モデル

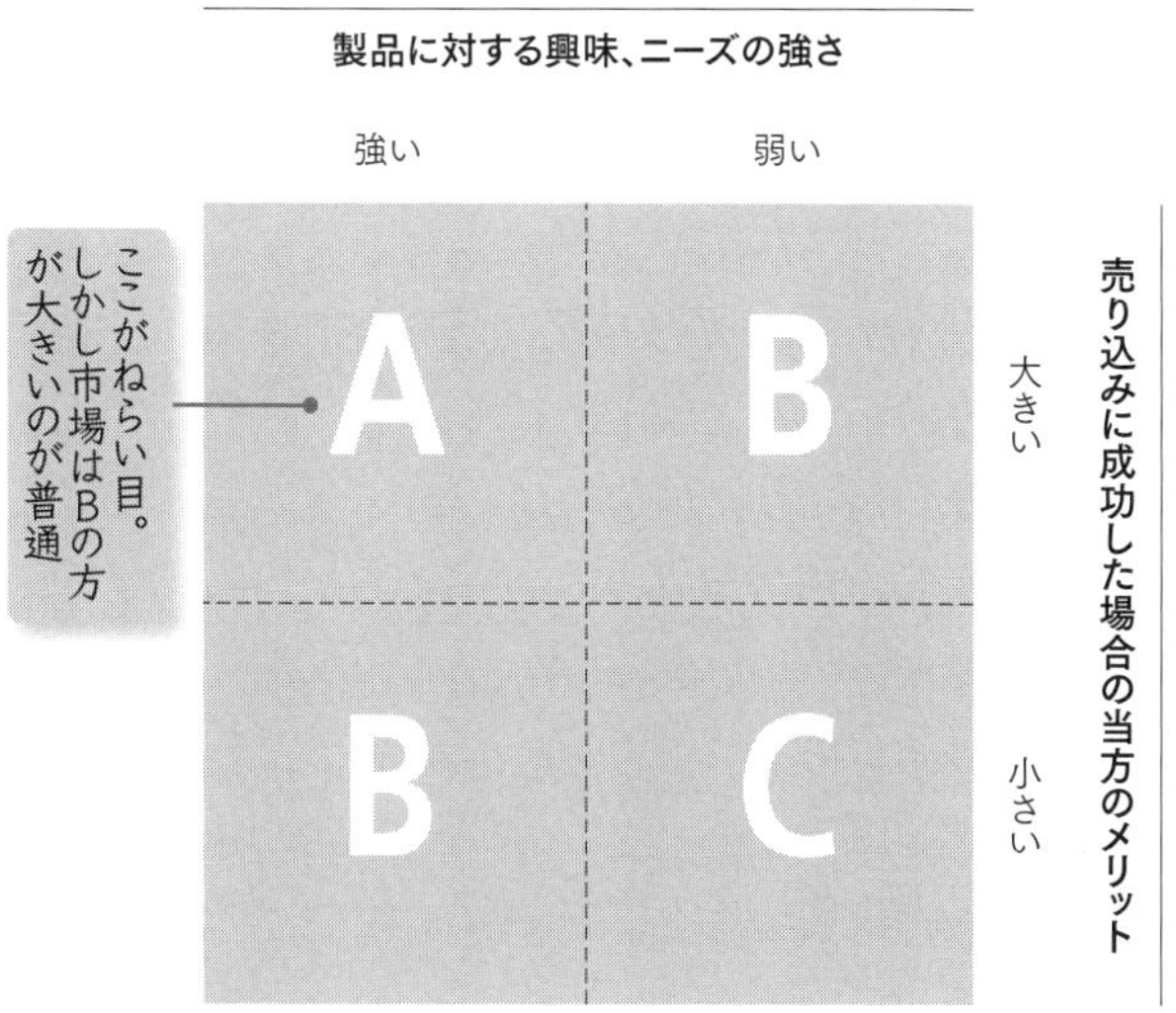

「私自身、何が答えかはまだ分からない。しかしだいたいこんなものが必要だというのは見えている」

広川は壁の白板に大きな四角形を書いて、縦横を二つずつに区切った。

2×2のマトリックスだ。

「仮に、一つひとつの病院のジュピターへのニーズが強いか弱いかを表すデータがあるとしよう。それを横軸に持ってくる」

「次に、もし売り込みに成功した時、我々の売上高や利益額のメリットが大きいか小さいか、その目安になるデータがあるとして、それを縦軸に持ってくる」

広川は白板に書き込んでいった。

「この二つの基準で、それぞれの病院をランクづけすることができれば、その病院の名前を一つずつ、この四つのマス目のどこかに書き込むことができる」

そして、広川は左上のマス目のなかに、大きくAと書いた。

「我々の営業マンが真っ先に攻撃をかけるべき客先は、このAのマス目に入っている。先方のニーズが強くて、しかもこちらのメリットが大きいのだから当たり前だ」

広川は右下のマス目に大きくCと書いた。

「我々の営業マンが、最後まで後回しにすべき客先はこのCのなかに入っている。相手の関心は低いから売り込みに時間がかかるし、もしその売り込みに成功しても売上高や利益は少ないから、後回しは当然だ」

しかし東郷も福島も、まだ分かったような分からないような顔をしている。

東郷が尋ねた。

「広川常務、理屈としてはよく分かります。しかし、一つひとつのユーザーを縦横にランクづけするためには、データが必要ですね。そのデータはどうするのですか」

広川はニタリとして言った。

「それはさっきの君の質問と同じだ。その答えが見つかった時がセグメンテーション戦略のでき上がりさ。問題は縦横に組み入れたいと思う基準は何か、そしてそれをうまく表現してくれるデータがあるかどうかだ」

セグメントの魅力度

それから数日間、広川たち三人はセグメンテーションの作業に没頭した。

白板や紙の上にやたらたくさんのマトリックスを書いたので、皆の頭も四角形になりそうだった。

そして、どうやらそれらしきものができ上がった。

2×3のマトリックスを使ったセグメンテーションである。

縦軸には病院のベッド数を持ってくる。病院の規模が大きければ大きいほど、G検査の量は多く、したがってジュピターの検査薬はたくさん売れる、というロジックだ。

また、G検査の量が多ければ多いほど、病院の検査室では自動化への関心が高まるから、ジュピターへのニーズも強くなる。

したがって、縦軸は二つの「セグメンテーション要素」を包含している。

一つはプロテック側から見たユーザーの魅力（見込み売上高）、もう一つはユーザー側から見たジュピターの魅力（自動化メリット）だ。

横軸には、病院の種別を持ってきた。これによって、今回のアドオン方式に敏感に反応しそうなところと、そうでもないところを分けようとしたのである。

図5-2　ジュピター拡販のセグメント魅力度

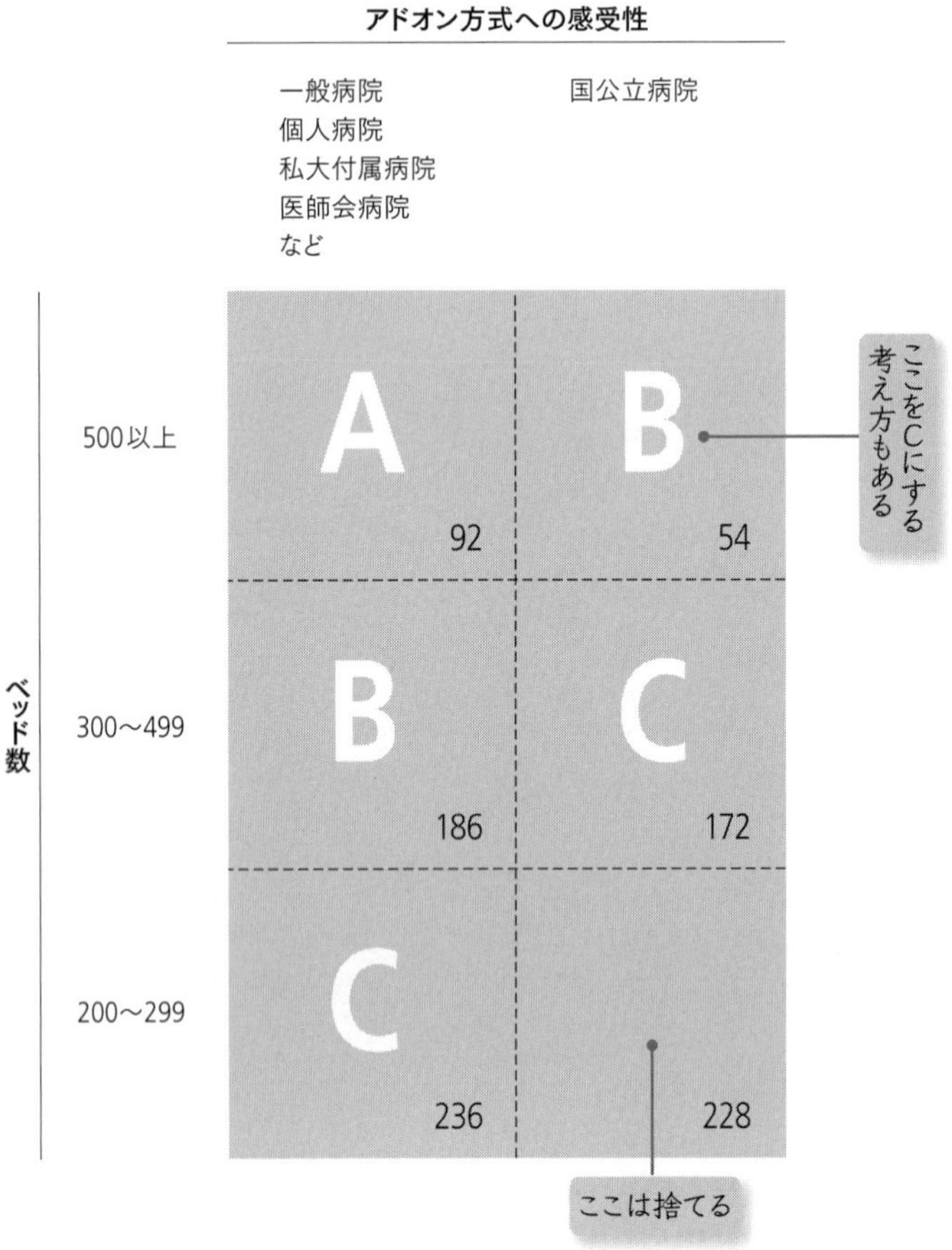

国立病院や公立病院は、基本的にはお役所と同じだから、購買のやり方も官僚的色彩が強い。アドオン方式を受け入れてもらえるか、かなりの不安があった。

特に検査薬の購入価格が、最初高くて、アドオン・プログラムが終わると急に下がるといった現象を認めてもらえるかどうか、見通しがはっきりしない。

これに対し、一般病院や個人病院はもちろんのこと、私立大学の付属病院、医師会病院、済生会病院などは、経営マインドも旺盛《おうせい》で、アドオン方式は大歓迎だろうと思われた。

広川たちは、六つのマス目に魅力度をつけた。いちばん魅力のあるセグメントがA、次がB、Cという順序だ。

これは、他人が見るよりも、ずっとむずかしい判断と決断を要する作業である。この作業の結果が、セグメンテーションの実戦上の使い方を決定づけるからだ。

例えば、広川たちのセグメンテーションで、左右のセグメントの魅力度が一段ずつずれているところに、一つの恣《し》意的判断が隠されている。

なぜ一段だけずらしたのか。二段でもないのはなぜか。

ただ結論を見せられれば何ということもないが、そんなところに戦略判断が介在しているのだ。

広川たちは、この段階でもう一つ、地味だが重要な意思決定を下した。

小さな国公立病院（いちばん右下のセグメント）二二八病院にはいったんDという魅力度をつ

けようとしたが、それをやめて、思い切って拡販対象から外すことにしたのだ。セグメントの魅力度があまりにも低く、時間的に見て、とても攻めきれないと思われたからだ。

したがってA、B、Cの魅力度を与えられた病院は、全部で七四〇に減った。

そして、もう一つの意思決定があった。

検査センター一〇〇社について、売上げ規模のトップ三〇社に魅力度Bを与え、残り七〇社をCとしたのだ。

なぜ、Aの魅力度を与えなかったのか。

検査センターは値引きが厳しいので、むしろ大病院の方が魅力では一段上だと考えたのである。

しかしこれには、多少の疑問が残った。

検査センターは多くの病院から検査を受託するから、検査の量は大病院をはるかに凌《しの》ぐ。いくら値段が厳しいといっても、自動化に対するニーズをいちばん持っているのは規模の大きな検査センターに違いないのだ。しかも、検査センターにジュピターが納入されれば、検査を発注している病院へのPR効果も期待できる。

Aの魅力度を与えなかった広川たちの決定はそれでよかったのだろうか。

この段階での**一見何気ない決定が、実戦上の成果を左右する**かもしれない。そんなところにセグメンテーション作業の重要性と怖さがあるのだ。

広川は、正直に言えばこのセグメンテーションに満足してはいなかった。

彼には何やら食い足りないし、あまり「創造的」とは思えなかった。

しかし、いくら時間をかけても、とりあえずこれ以上のアイデアは出てきそうもなかった。

プロテックの営業部隊がこれまで、顧客の実態をつかみきっていなかった咎《とが》がここに色濃く出ていた。顧客のニーズを分析すると言っても、病院の関係者たちが何を考えているのか、ほとんど分かっていなかったのである。

セグメンテーションの作業をやらせれば、**顧客の心**をその企業がどれくらいつかんでいるかがモロに分かるという、格好の事例になってしまった。

最終のセグメンテーション

「よし、これでいこう」

広川がそう言うのを聞いて、東郷と福島はすべての作業が終わったと思った。

「それではさっそく、各営業マンに、魅力度A、B、Cの順序で営業アプローチをかけるよう指示します」

広川が手を挙げて制した。

「待て待て、まだ終わっていない。これにあとひとひねり、ドイツ化学の客先と我々の現在の客先の区別を加えなければいけない」

そうだった。

もともとこのセグメンテーション作業は、そこから話が始まったのだ。

その作業は比較的簡単だった。

魅力度A、B、Cの客先一つひとつを、現在プロテックの旧タイプ品を使用しているところか、それともドイツ化学の客先かに分けていったのである。

こうして病院七四〇軒と検査センター一〇〇軒、あわせて八四〇軒を分類した新しいマトリックスができ上がった。

「さて、ここから先が、セグメンテーション作業の天王山だ。頭を使ってよーく考えないといけない。決断が大変だ。しかし決めるしかない」

さっきの魅力度A、B、Cを決めた時と同じ、微妙な判断の連続になるのだ。

これを部下に決めさせるわけにはいかない。

セグメンテーション作業が企画スタッフの仕事だと思ったら、トップは責任を投げていることになる。なぜなら、**セグメンテーション作業は、重要な戦略決定のプロセスそのもの**だからである。

プロテック事業部にしても、ここでの意思決定が、これから一〇カ月の営業成果を大きく左右

図5-3 競合を加味した最終セグメンテーション

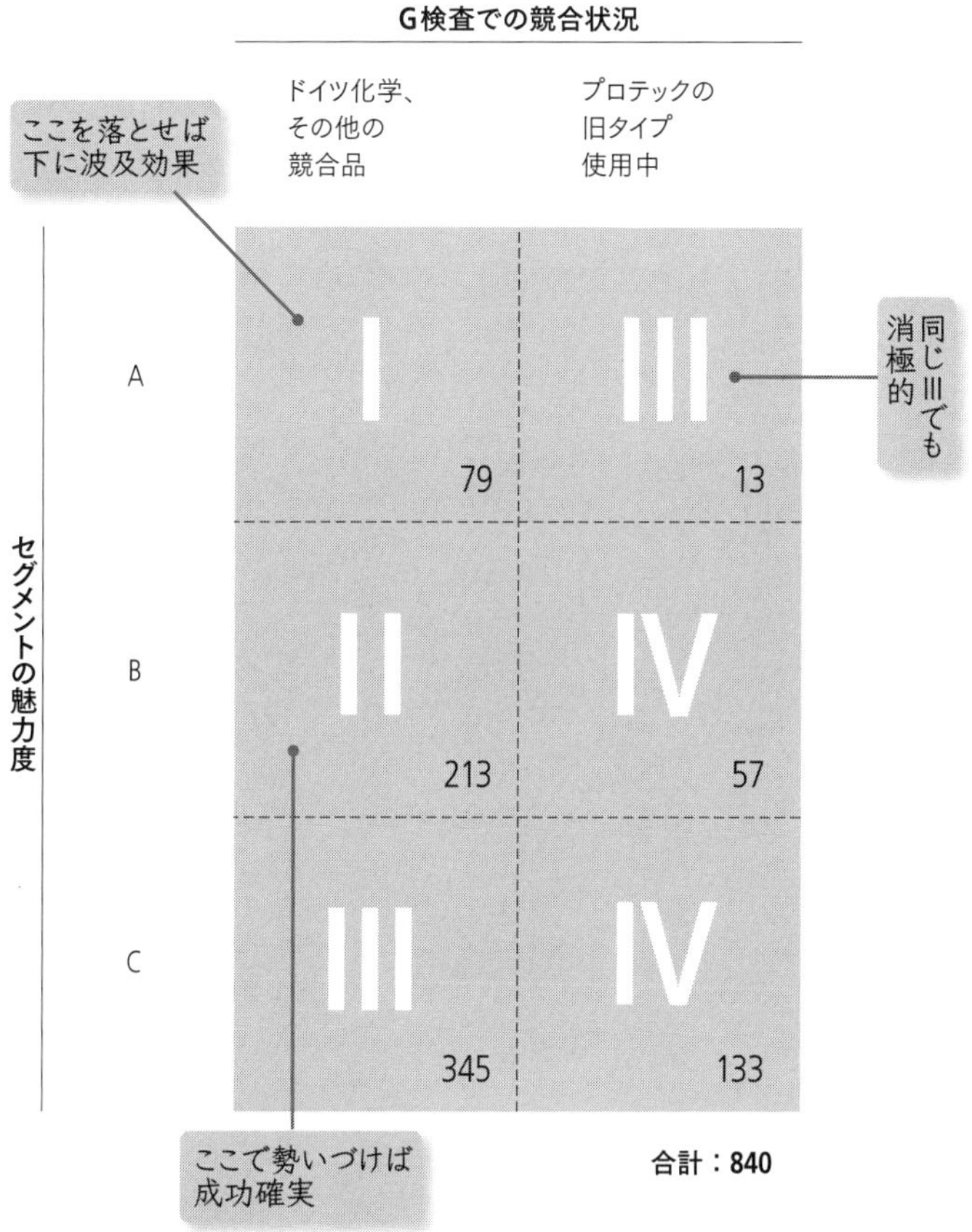

することになる。

広川はそう思って、長いこと考えていた。

あれこれと議論の後、彼は結論をこうまとめた。

「拡販活動の最初の四カ月間は、全営業マンはドイツ化学の客先だけに集中的にアプローチすることにしよう。現在ドイツ化学のユーザーで、魅力度Aのマス目に入っている客先を最初に攻める。その次は魅力度Bのマス目という順序だ」

立ち上がって広川は、白板に書かれた最終セグメンテーションのマトリックスの上に、今言ったことを書き込んだ。

ローマ数字で、最優先がⅠ、次がⅡだ。

「Ⅰの客先へのアプローチが終わらないうちは、Ⅱの客先には行くなという順序をしっかり守らせてくれ。いいか、この段階では、**他の客先には絶対にアプローチ禁止だ**」

これは、考えようによっては問題発言であった。「今のお客様を後回しにしていいのですか。今まで世話になったユーザーを大事にすることこそ大切では……」という陰の声が。東郷や福島ばかりでなく、広川にも聞こえてくるような気がする。

しかし今ここでその声に負けたら、ドイツ化学に勝負を挑むという大命題が、しょっぱなから腰くだけになってしまう。

プロテックの営業マンのこれまでの習性を壊し、攻めの姿勢に転ずるなどという方針もサッパ

図5-4

優先順位	ユーザー数	営業マン1人当たり
I	79	3
II	213	9
III	358	15
IV	190	8
計	**840**	**35**

り迫力がなくなってしまう。

関東商事の老会長にまで、この拡販を成功させると大見えを切ってきたのだ。

広川たちはこの問題を決然と割りきることにしたのである。

「プロテックの客先から問い合わせがあった時は、しらばっくれたりしてはいけない。商品説明などはきちんとやって、普通に対応する。ただし、こちらから積極的にアプローチすることは当面やらない。そういう方針でいいな。今のお得意様をあまり待たせてしまうのは申し訳ないが、わずか数カ月の時間差だから、許してもらおう」

続けて広川は、Ⅲというローマ数字を、二つのセグメントに書き込んだ。

「ⅠとⅡへのアプローチがすんだら、次にⅢへいく。この段階になって初めて、本格的に現在のプロテックの客先へのアプローチを始めよう。その次がⅣだ」

こうして最終的な優先順位Ⅰ〜Ⅳが決定した。

それぞれの客先の数は次のようになった。

優先順位ⅠとⅡに含まれる客先を合わせると二九二軒、営業マン一人当たりに直せば一二軒ほど。

これなら、ターゲットの絞りは十分だ。

ベッド数からラフにG検査の量を推定すると、優先順位ⅠとⅡのセグメントを合わせた大きさは全体の四九％にもなる。それもすべてドイツ化学とその他の競合企業の客先だ。

ただ**漠然と拡販するやり方**から、ターゲットは第一段階で一〇六八に絞られ、第二段階で八四〇となり、さらにそれが二九二に絞り込まれた。

広川は念を押した。

「あくまで決戦場は、優先順位Ⅰだ。ドイツ化学の大口顧客七九軒がいる」

「このなかには、影響力の強い大学病院などがたくさん入っているから、ここを押さえたらあとは芋づる式に傘下の病院がとれていく」

そして笑いながら東郷に言った。

「敵の本陣の前で、怖じけて横に逃げるなよ」

図5-5 G検査の回数で見たセグメント別分布の推定

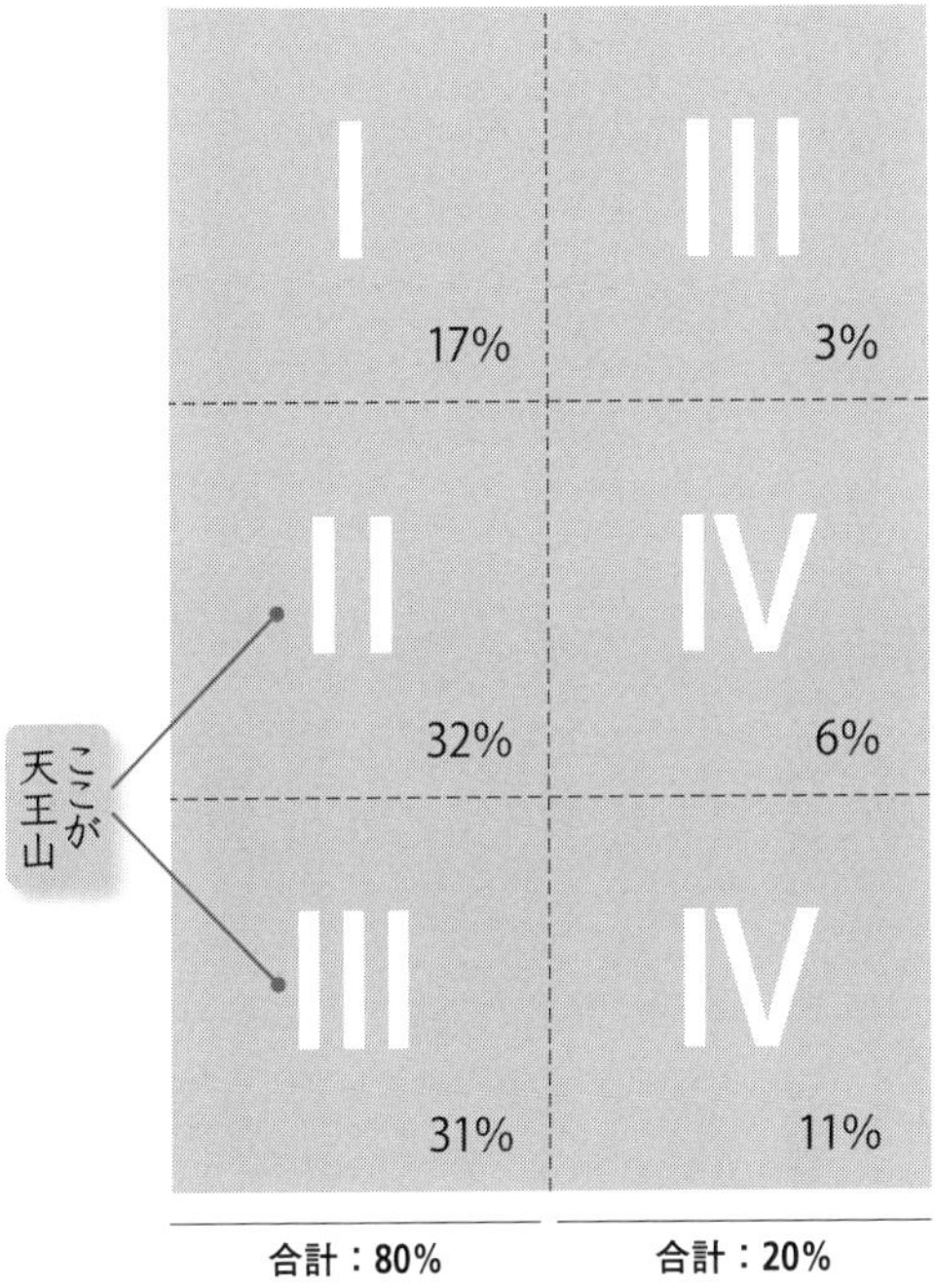

行動成果を追いかけるシステム

セグメンテーションの作業が終わると、東郷はでき上がったマトリックスのブランク用紙を各地の営業マン一人ひとりに配布した。

彼らはそれに、自分の担当地域にいるすべての顧客の名を書き込んだ。どの顧客も漏れなく、マトリックスのどこかのマス目に書き込めるはずである。

この作業は、意外な効果を生んだ。

自分の鉛筆で顧客名を書き込みながら、営業マンたちは、頭と体で新しい営業方針の意味を理解したのだ。

疑問があれば、上司に質問が出る。

その上司は東郷や福島に同じ質問をぶつけ、それが社内での**意思疎通の促進剤**になった。

誰がどこに行かなければならないか、一目瞭然《りょうぜん》であった。

東郷と福島の頭のなかには、「営業マンのこれまでの習性をぶち壊せ」という広川から与えられた命題が常にちらついていた。

広川は、そうか、と思った。

セグメンテーションの手法は、強力な戦略コミュニケーション効果を持っていたのだ。

図5-6 進捗状況のコード化

	コード
まだ何もしていない	F
第1回訪問(挨拶、自己紹介など)	E
第2回訪問以降(何回行っても)	D
デモおよびその後の訪問	C
見積書提出およびその後の訪問	B1
価格など条件交渉およびその後の訪問	B0
受注決定およびその後の訪問	A1
納品(売上げ)	A0
アプローチ中止	Z

広川は、最後の最後に、もう一つのシステムを作った。

彼は、各地の営業部隊が、優先度IとIIのマス目に入っている顧客一つひとつに、どのようなスピードでアプローチしているのか、刻々知る方法はないかと思ったのである。

というのは、もし広川や東郷が各地に電話をかけて様子を聞いても、「うまくいってます」とか、「もう少し待ってくれれば、成果がでます」とか、

抽象的な返事が返ってくるだけだろうと思ったのである。

そこで広川は、一つのシステムを考案した。彼は東郷たちに、**営業マンの行動の進み具合をコード化**することを求めた。

図5-7 ターゲット先営業進捗状況

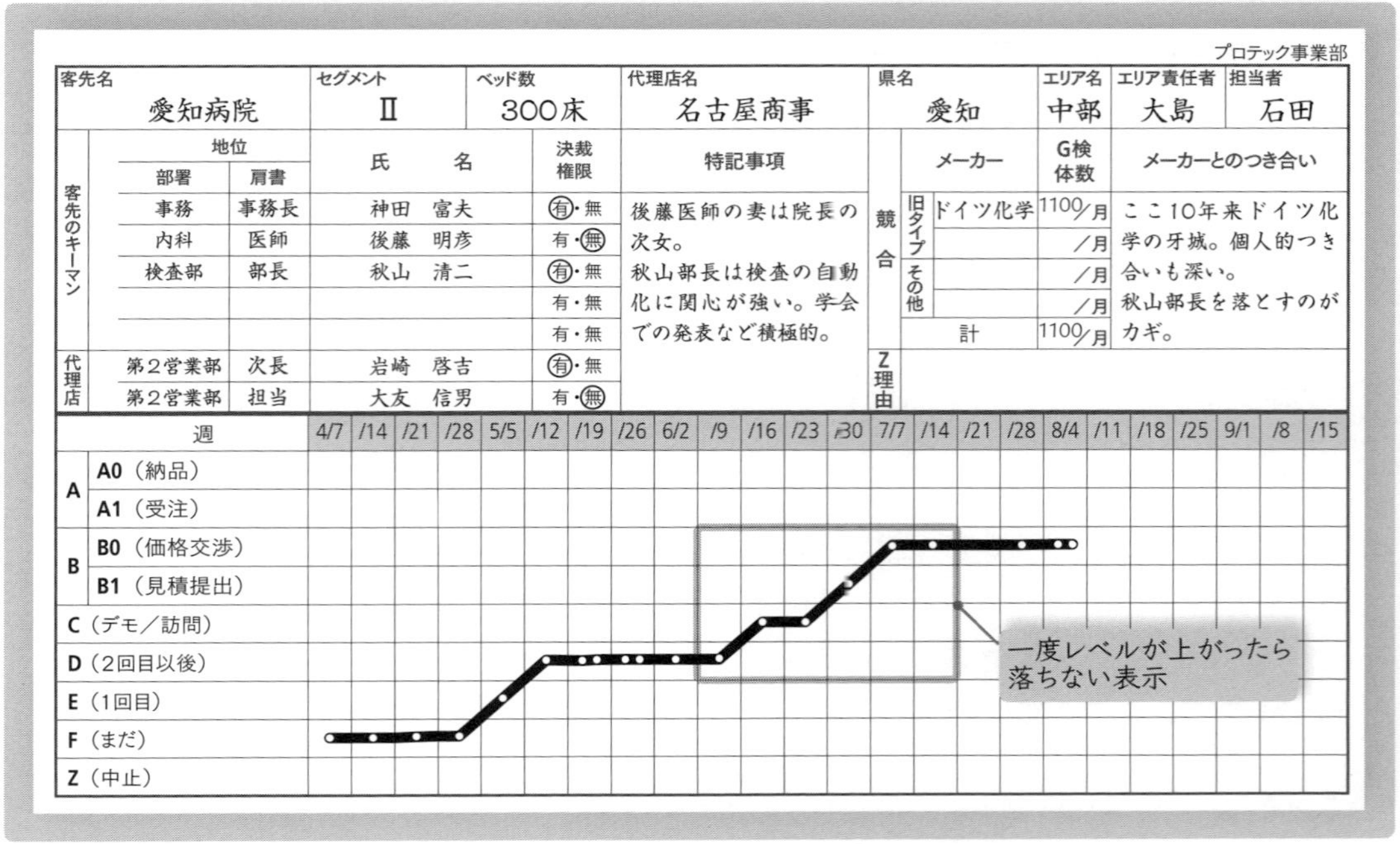

プロテック事業部
客先名 愛知病院
セグメント Ⅱ
ベッド数 300床
代理店名 名古屋商事
県名 愛知
エリア名 中部
エリア責任者 大島
担当者 石田
客先のキーマン
地位 部署 肩書
氏名
決裁権限
事務 事務長 神田 富夫 有・無
内科 医師 後藤 明彦 有・無
検査部 部長 秋山 清二 有・無
有・無
有・無
代理店
第2営業部 次長 岩崎 啓吉 有・無
第2営業部 担当 大友 信男 有・無
特記事項
後藤医師の妻は院長の次女。
秋山部長は検査の自動化に関心が強い。学会での発表など積極的。
競合
メーカー
G検体数
メーカーとのつき合い
旧タイプ ドイツ化学 1100／月
／月
その他 ／月
／月
計 1100／月
ここ10年来ドイツ化学の牙城。個人的つき合いも深い。
秋山部長を落とすのがカギ。
Z理由
週
4/7 /14 /21 /28 5/5 /12 /19 /26 6/2 /9 /16 /23 /30 7/7 /14 /21 /28 8/4 /11 /18 /25 9/1 /8 /15
A A0（納品）
A1（受注）
B B0（価格交渉）
B1（見積提出）
C（デモ／訪問）
D（2回目以後）
E（1回目）
F（まだ）
Z（中止）
一度レベルが上がったら落ちない表示

「まだ何もしていない（F）」から始まって、その次が「第一回訪問（E）」、その後、進展があるたびにアルファベットを逆方向にたどり、最後の「納品・売上げ（A0）」までを記号でとらえようというのである。

途中で見込みがなくなってアプローチを中断した相手は、アルファベットのどんじりZのコードがつけられた。

攻撃対象に選定されたユーザーごとに、活動の進捗《しんちょく》状況をフォローする一枚の用紙が与えられた。

ある営業マンが一〇軒のユーザーを攻めるなら、彼はその用紙を一〇枚持つ。一度訪問したら、その週の欄にマル印を書くだけだから、簡単至極である。

それまでの**営業日報は廃止**されたので、営業マンが報告に使う用紙はこれだけであった。

進捗コードは、一度あるレベルに達すると逆戻りしないように工夫されているのがミソだ。それによって上がったり下がったりの複雑な動きが消されて、管理が簡単になる。

うまく営業が進んでゆけば、マル印の位置は次々に右上がりに上がっていく。

ユーザーとの話が進んでいなければ、線は水平に伸びてゆくだけだ。

途中で攻略を中止したら、急転直下、線は下に落っこちる。

誰が見ても明確なシステムである。

二、三カ月の間隔でこの情報を個人別、営業所別、地域別に整理してみると、**全体の営業進捗**

図5-8 ジュピター拡販　ターゲット病院進捗表

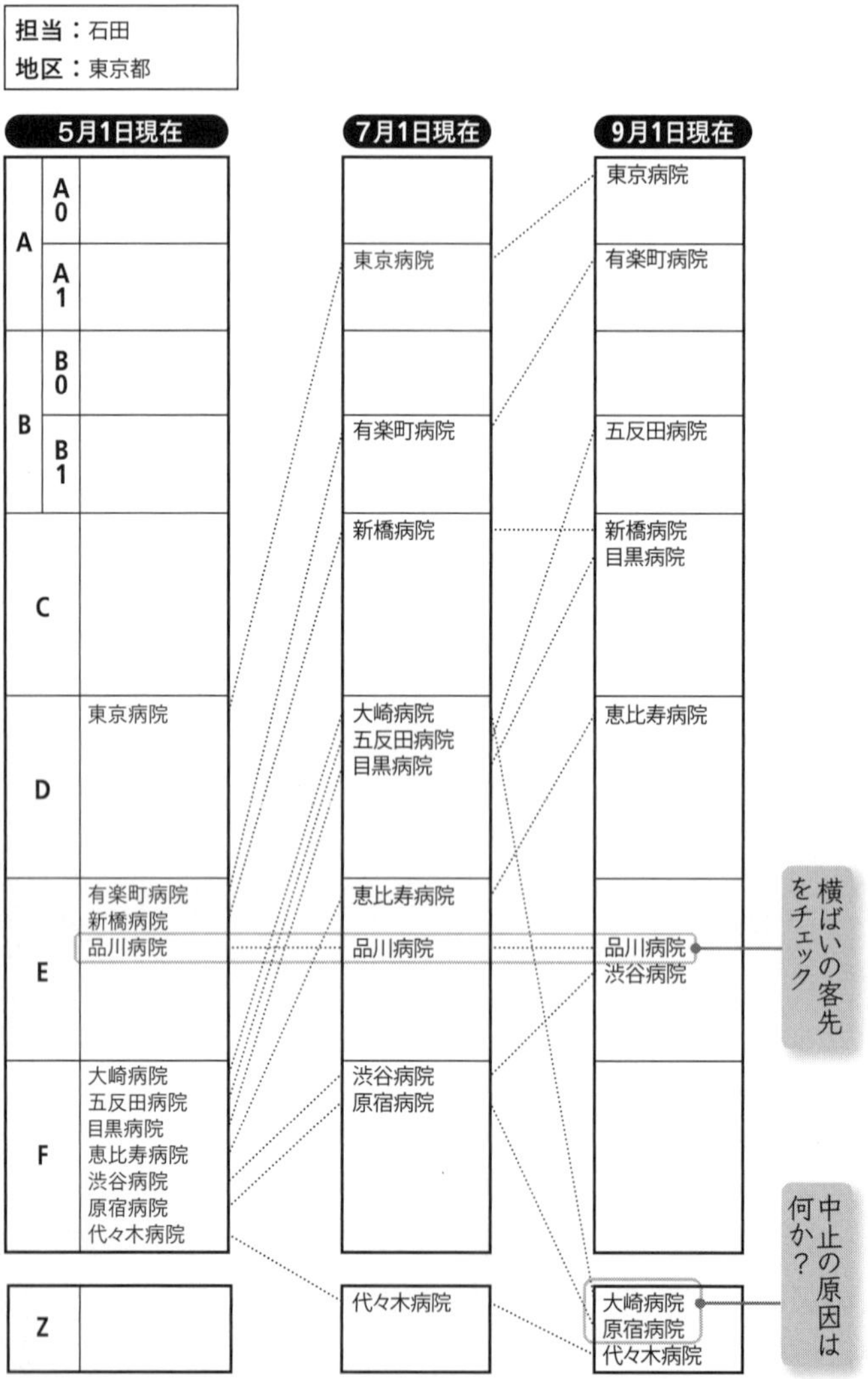

担当：石田

地区：東京都

		5月1日現在	7月1日現在	9月1日現在
A	A0			東京病院
	A1		東京病院	有楽町病院
B	B0			
	B1		有楽町病院	五反田病院
C			新橋病院	新橋病院 目黒病院
D		東京病院	大崎病院 五反田病院 目黒病院	恵比寿病院
E		有楽町病院 新橋病院 品川病院	恵比寿病院 品川病院	品川病院 渋谷病院
F		大崎病院 五反田病院 目黒病院 恵比寿病院 渋谷病院 原宿病院 代々木病院	渋谷病院 原宿病院	
Z			代々木病院	大崎病院 原宿病院 代々木病院

横ばいの客先をチェック

中止の原因は何か？

度が一目瞭然であった。
こうしたコード化によって、各地の営業課長と営業マンの間には次のような会話が頻繁に交わされるようになった。
課長「君の担当の山川病院は、今どうなっている？」
部下「あそこは先週行ってきて、まだD段階ですが、来週Cになりそうです」
課長「田中病院の方は？」
部下「まだFです」
課長「いつ行くんだ？　早くDまで持っていけよ」
部下「はい」
こうした会話は、営業マンと上司の間ばかりでなく、営業所と本社の間でも飛び交うようになった。
その結果、北海道から九州に至るターゲット病院の状況が、同じコードで表現されて本社にも伝えられるようになったのである。
それは、事業部全体に、新しい「共通言語」がまた一つ増えたことを意味していた。
このシステムは、大げさにいえば、東郷たちの営業管理に**ちょっとした情報革命**をもたらした。
今までは、成果が売上げという形に実らないかぎり、営業活動がうまく進んでいるのかどうか、本当のところが今一つはっきりしなかった。

しかしこのシステムのおかげで、そのはるか手前で、ある程度様子が分かるようになった。それは貴重な情報だった。

新しい営業戦略を打ち出したり、本社からの営業の応援を出すことが、よりタイムリーにできるようになったからである。

戦略プロフェッショナルの要諦❾

セグメンテーション

このあとの戦略ノートにも書くが、戦略プロフェッショナルにとって、セグメンテーションは入門編だけでなく上級編まで極めるべき重要な戦略ツールである。広義の思考ツールとしてマトリックス手法と呼んでもいい。しかしここで言う上級編とは、専門家のむずかしい論理のことではない。セグメンテーションはとにかく「顧客にリーチする」営業手段がカギである。すなわち営業マンであれ他の媒体であれ、ねらった顧客にきちんとメッセージを届け、「買います」と言わせない限り、理屈倒れの絵に描いた餅に過ぎないのである。

その意味において本書に描かれたセグメンテーション手法は、マトリックスの切り方そのものよりも、進捗管理のコード化や、分かりやすい営業拡販ツールを作ることなど、著者が当時、考えに考えて開発した「現場へのつなぎ」のツールがカギになっている。本書の発刊以来、日本企業の多くの人々が導入を試みた手法である。

セグメンテーションから発して、現実に営業部隊が動き、用意したツールがうまく作動し、具体的数値が劇的に上がりはじめた時の、戦略プロフェッショナルとしてのシテヤッタリの気分は、一度覚えたら麻薬みたいなものである。

いよいよ戦闘開始

もうすぐ二月が終わる。

広川がジュピター一〇〇台の売上げ目標を提示してからは、一カ月半がたとうとしていた。

新しい営業戦略のプログラムを編み出し、セグメンテーションを確立するには短すぎる期間であった。

しかし、もう時間がない。

新しい販売ツールの準備は並行して着々と進んでいる。

関東商事との話し合いも決着がついた。

拡販に備えてジュピターの在庫を積み増すことも、怠りなくやっている。

広川は思った。

やるべきことはやった。

もうこれでいい。あとは営業マンたちに期待しよう。

東郷は持ち前の明るさで、営業マンを叱咤《しった》した。

「今までみたいに、文句だけ言っているわけにはいかない。俺たちが、自分たちの実力をモロに試されるんだ」

「さあ、明日から頑張ろう」

こうして翌三月一日、プロテック事業部のジュピター拡販戦略は、その火蓋《ひぶた》が切って落とされた。

絞りと集中

戦略ノート

企業戦略は「絞り」の道具

これまで何度か触れてきたように、経営戦略の要諦《ようてい》は「絞り」と「集中」である。もし事業に絞りがなければ、組織のエネルギーを統一することはできない。多くの社員の方向性「ベクトル」は一致せず、動きの「モメンタム」はタイミングがずれてしまい、だから互いに力を消し合ってバラバラになる。

トップは社員に対して「語り」が必要である。時には俳優のように語りかけ、訴えかけなければならない。しかし事業に絞りがなければ、トップは簡潔な言葉で経営の目標を語ることはできない。あたかもセールスマンが優位性の少ない、むずかしい製品を売り込もうと苦労しているかのように、トップは複雑な説明を繰り返さなければならなくなる。そんな話で社員の気持ちを一つにまとめるのはむずかしい。

しかもそうしたトップの「絞り」の曖昧さは、会社の外部に向けた情報発信までをも不明確にする。そのため外部の協力者たちをネットワーク化するのが遅れる。

「絞り」とは、すなわち「捨てる」ことである。我々の経営資源には限りがあるから、何もかもやることはできない。だから「これはやめた」と割り切ることが必要になる。そのデシジョンを先延ばしにするトップは、いずれもやりきれなくなることにムダな投資を続けていることになる。その意味では、企業戦略はもともと「絞り」「捨てる」ための道具そのものだとも言える。

セグメンテーションの効果

セグメンテーションは日本語で市場の「細分化」と訳されることが多いが、企業戦略論のなかで「絞り」「捨てる」ための道具としてこれほど有効なものはない。

絞る対象として何を取り上げるかによって事業戦略、開発戦略、営業戦略などいろいろに使われ、ツールとして幅広い応用性を持っている。

事業戦略にかかわるプランニング作業のなかで、セグメンテーションは最も「芸術的センス」「創造性」を問われる。多くの場合、セグメンテーションがうまくできれば、戦略の核になる部分はできたも同然である。

セグメンテーションを固い言葉で定義すると、「市場のなかを同じような購買性向を持った顧客グループに分ける（セグメントする）」ことである。

この手法を実務的にどんな時に使うかと言えば、二つの正反対のアプローチがある。一つは「先に商品ありき」で、もう一つは「先に市場ありき」である。

「先に商品ありき」というのは、すでに手元に何か商品があって、それをどんな人に売ろうかと対象を絞る場合である。広川たちが直面したのはこのケースである。

広川たちの好むと好まざるとにかかわらず、目の前にすでにジュピターという商品があって、これを売らなければならない。それを「誰に売りに行けば、最も効率よく売れるか」が問題になっているのだ。

「先に市場ありき」というのは、これから新しく商品開発や事業開発をする時に問題になる。まず市場を見る。顧客の購買動機や特性の変化を分析し、すでに世に出ている商品で満たされていないニーズ（製品空間）を見つけ、それにねらいを絞って開発を行う。

セグメンテーションはリーダーシップを発揮するための強力な道具になる。なぜなら、セグメンテーションは、社内のエネルギーを「絞り」「集中」するガイドラインとなるし、社内のコミュニケーションの強力な武器になる。だからセグメンテーションによって社員の意識を束ねることが可能になるのである。

良いセグメンテーションは、しばしば従来からの社内の「常識」を破るものである。したがって、例えばセグメンテーションの技法を営業目的に使う場合、斬新なセグメンテーションは営業マンから不平の出る宿命を負っている。

というのは、残された市場の大部分は、営業マンが現在行きにくいところにあるからだ。営業マンが惰性で行きたがる客は、得てして当方に好意的な客である。しかし行きにくい客先では、適当にあしらわれてしまうかもしれない。だから、未開拓の市場にアタックする戦略は、弱い営業マンの習性を逆なでするような内容になる。

したがってセグメンテーションが効果的な内容であれば、それを無理矢理でも実行させることによって、営業を鍛える踏み台になる。

半面、もしこちらが切れ味の悪いセグメンテーションを押しつければ、彼らの努力は空振りに終わり、こうしたアプローチへの営業の信頼を失うことになる。だから、セグメンテーションは、よく考え抜き、これでいけると確信の持てるものを編み出さなければならない。

蛇足ながらもう一つ加えると、セグメンテーション戦略は静かにやらねばならない。セグメンテーションの組み立て方を得意になって個々の客先で喋ったり、社長がヒントになるようなことをマスコミに洩らしたりしては、戦略の戦略たる意味がなくなってしまう。

セグメンテーションのシンプルさ

セグメンテーションの作業は、広川たちがやったように皆でワイワイガヤガヤとブレーン・ストーミングでやるのが向いている。そしてマトリックス（四角形を区切ったもの）を使うとよい。

何となく、市場を2×2の四コマ、2×3の六コマに分類した程度では、あまりにも単純すぎて本当に実用性があるかと疑われる人がいるかもしれない。

しかし、それは間違っている。戦略はシンプルなほど強力である。

例えば、もしあなたがセグメントを4×4の一六コマに分類した場合を考えてみよう。一つのセグメントを取り上げた時、その戦略が上下左右、斜め上下など隣接する八つのセグメントとどう違うのか、明確に区別できるだろうか。それを一六のセグメント一つひとつについてやっていくうちに、何が何だか分からなくなるのがオチである。

仮にそれをプランニングした人は分かったつもりでも、開発や営業の現場に落として、社員の実際の活動に使っていくとなると、皆の頭が混乱してしまって実用性がなくなる。

私は占いごとはあまりやらないが、世の中、なぜ血液型の話がいちばんポピュラーなのか。たった四つの分類しかないシンプルさが一つの原因だと私は思っている。しかし、血液型を信じている人が、男女の相性を話し出せば、いくら単純と言っても組み合わせは4×4の一六コマにもなる。いくら血液型の話に詳しい人でも、一六の組み合わせの善し悪しを一つひとつスラスラと説明する人にはなかなかお目にかかれない。

私は普通の人間が頭のなかで扱える分類マトリックスは、せいぜい3×3の九コマが限界だと思っている。つまり、社員が単純に理解できる戦略は、それ以上ややこしくてはダメなのだ。

もしそれ以上のことをやりたい時には、広川たちがやった二段階方式が良い。広川たちは一つ目のマトリックスで「病院のベッド数」と「病院の種別」という二つのセグメンテーション要素を持ってきた。そして、このマトリックスの上でA、B、C、……という第一次のランクづけ（絞り）を行った。

そしてその結果を、二つ目のマトリックスの縦軸に持ってきて、横軸は「現在ドイツ化学の客先か否か」という新しいセグメンテーション要素を持ってきた。

そこで最終のランクづけI、II、III、……を行った。つまり、二つのマトリックスを利用して、「病院のベッド数」「病院の種別」「ドイツ化学の客先か否か」という三つのセグメンテーション要素を組み合わせて最終結論に至っている。

賢明な読者はもうお気づきだろう。二つのマトリックスを組み合わせるということは、初めから立体的な「三次元マトリックス」を使ったのと同じことをやっているのだ。しかし、セグメンテーションの作業を複雑にしてしまうのもこれが限界だと思う。

セグメンテーションの「はずだ」連鎖

もしセグメンテーションのやり方が悪いと、自社の製品にいちばん関心を寄せてくれるはずの人々が、きれいに特定のセグメントに集まってくれない。

そうなると、あるセグメントをねらって販売戦略を展開したのに、そのセグメントには興味を持ってくれない人がたくさん交じっているとか、逆に興味を持ってくれる人は、他のセグメントの方に散っているという事態が起きる。

ノースウェスタン大学のマーケティングの泰斗、フィリップ・コトラーは「マーケティング・マネジメント」のなかで、セグメンテーションが効果的であるための条件として次の三つを挙げている。

(1) 測定可能である
　そのセグメントの内容や大きさを測るための情報を得られること

(2) 到達可能である
　そのセグメントに効果的に到達し得る営業手段を持ち得ること

(3) 十分な規模
　そのセグメントをねらって何かやる価値があるぐらいに市場規模があること

理屈から考えてどんなに面白いセグメンテーション要素を考えついたとしても、それに合わせて顧客を客観的に分類できるデータがなければ、実際にはセグメンテーションの作業を進めることはできない。

広川は、彼らのマトリックスが「何やら食い足りないし、あまり創造的とは思えなかった」と言っている。

例えば縦軸には「ベッド数」が使われているが、これは「ベッド数の規模が大きいほどG検査が多いはずだ。それだけ将来のG検査の伸びも大きいはずだ。だからそれだけジュピターに強い関心があるはずだ」と、三つの「はずだ」が続くロジックだ。

しかし、広川たちがもし各病院の現在のG検査の量がどれぐらいかのデータを入手できれば、「はずだ」が一つ減って、より直接的にジュピターの需要度を測ることができる。

さらにもし各病院の「将来のG検査の増量計画」が正確に分かっていたら、もう一つ「はずだ」が減って、ジュピターの売り込み先を選定するデータとしてはさらによい。

しかし、そうしたデータはどんな企業にもすぐ手に入らないのが普通だ。だから広川たちは「ベッド数」を使うことで我慢したのである。

いわんや、横軸の方は確かにもっと食い足りない。ジュピターのニーズが強いかどうかを、国立病院かどうかなどで十分測れるはずもない。もしデータがあるなら、それぞれの病院のキーマンがG検査にどれくらい関心を持っているかの情報を使いたい。

しかし、残念ながら今まで弱体だったプロテック営業部隊はその感触さえつかんでいなかった。だからそんなデータの出しようもなかったのだ。

広川は「食い足りない」とは思ったが、これで走りはじめた。いくら待っていても、この段階でよりよいセグメンテーションができるとも思えなかったし、皆の意識を束ねるには、とりあえずこれでよいと思ったからである。

セグメンテーションの作業で対象セグメントを絞ったら、次の作業は、そのセグメントに営業的に有効に到達するための「道具作り」である。ドンピシャリのセグメントをねらって販売活動を行ったからと言って、商品は自然に売れていくものではない。積極的に需要おこしをして、そのセグメントのなかにいる人々に関心を持ってもらわなければならない。

広川たちが売り込みツールの開発を急いだのもそのためである。また営業マンに意欲を燃やしてもらうための仕掛け、流通チャネルの整備、宣伝広告など、こちらのラブコールがねらった潜在顧客にスムーズに到達するように戦略を組み立てなければならない。

しつこいフォロー

戦略で「絞る」ことは「捨てる」ことだと先に言った。

広川のケースで言えば、優先度I、IIのセグメントに集中しろという指示は、とりもなおさず、それ以外の市場はとりあえず捨てておけということを意味する。

セグメンテーションは、コンセプト（概念）レベルで戦略的に組み立てるだけでなく、さらに、各地区別、営業マン別に当てはめ、彼らの行動や実績の把握を同じ考え方の下で行わなければ、現実的には実用に使えない。つまり戦略性と実戦性が両立しないと、セグメンテーションは格好だけつけている企画担当者やコンサルタントの屁《へ》理屈に終わってしまうのである。

そしてさらに大切なことは、仮に実戦性のあるセグメンテーションが開発できたとしても、それが本当に実行されているかどうかは、よほどしっかりとしたモニターと管理を続けない限り、把握できないということだ。

私の今までの経験では、セグメンテーションの手法を導入したのに効果が出なかったという場合、セグメンテーションの組み立てが悪かったというよりは、それを組織の末端が忠実に実行したのかどうか、実はよく分からないというケースが圧倒的に多い。

こうした状況を避けるためには、しっかりとした報告システムが確立されていなければならない。

絞り込んだターゲットに対して果たしてきちんとしたアプローチがなされているのか、そしてその成果はあがりつつあるのか、止まっているのか、ダメになりそうか。こうした状況をある程度自動的に追いかけ、報告させるシステムがどうしても必要である。

私の経験ではセグメンテーションを成功させるうえで最も大切なことは、それをしつこくフォローするシステムを持つことである。

広川はこの点を明確に認識していた。だから、実際の営業攻勢が開始される前に、彼なりの報告システムを作ったのである。

広川によれば、彼のシステムは次のようなメリットを生んだという。

(1)　活動コードを採用することによって、進捗状況の「データ化」が実現した。全国のターゲット攻略の状況が本社で一目で分かるようになった。

(2)　週単位の報告が地区⇅本社の確実なコミュニケーションをもたらし、お互いのアクションが早くなった。

広川の感じではこのシステムは過度にコンピューター化しない方がよいという。上司と部下がスキンシップで話しながら報告をした方がよいという。

(3)　営業マンの行動への認識が高まった。
内勤時間が減少
一日訪問件数がアップ
本社への積極的な応援依頼が増加

こうした行動管理システムをうまく活用するためのポイントは、まず第一に、しつこく実行することである。部下に聞いたり、聞かなかったりではダメだ。毎週必ず、報告の日と時間を決め、その戦略プログラムが完了するまで何カ月でも続ける。

そして第二に、報告の対象に「漏れ」や「例外」を作らないことだ。というのは、戦略、組織、経費などで発生するムダは、管理対象にしている項目ではなく、得てして「その他」の項目で発生するからである。

広川たちの例で行けば、優先順位IとIIを攻めている間は二九二軒のユーザーすべてを漏れなく追いかけさせる。

そして、ターゲットへの攻略以外に、どんなことに時間を食われているかよくモニターするとよい。意外にも、現在の客先からのクレーム処理や、内勤時間に忙殺され、十分な時間が新規攻撃に使われていないことが多い。

効率のよい行動管理システムの第三のポイントは、管理チャートの数や種類を少

戦略ノート

なくすることだ。できれば一枚のシートで何もかもすむようにしたい。

管理の悪い会社ほど書類を増やす傾向がある。よくデザインされたシステムであれば、少ない管理チャートでも問題の「兆候」は必ずつかめる。ただ漫然と日報を書かせたりする大福帳的報告はやめて、戦略目的に合致した管理チャートを工夫したいものだ。新しい戦略を実行する時には、その都度、その実行をフォローするためのシステムを用意する必要がある。広川たちが実行した行動管理は、こうしたシステムのほんの一例である。

フォローの管理システムがシンプルであればあるほど、戦略の実戦効果は高まる。それを見た社員は、彼らの仕事がどう評価されるかを明確に知るので、ますます彼らの仕事のエネルギーが、戦略目的に合わせて収束されていくのである。

6 戦いに勝つ

勝ちどき

それから一年近い月日がたった。

一月の空はどんよりと曇り、近くに見える東京タワーからは、冷たい風を切る音が聞こえてきそうだった。

「去年の今頃は、ジュピターをどう売り出すかで頭がいっぱいだったな」

広川はそんなことを考えながら、常務室の机に座って考え事をしていた。

ジュピターの拡販は予想以上の成功を収めつつあった。

この一年間の販売台数は一四八台になった。前年の九台に比べれば、まさに「会社を作り直した」ような成果であった。

去年の三月から、営業部隊はいっせいに動き出して、アドオン方式で売り込みを図った。

それまですでにアプローチしてあった客先で、予算化の問題で停滞していたところがまず動いた。西山病院の山形検査部長なども、すぐに反応してくれたクチである。

初めの三カ月間は、毎月の納入台数は一ケタにすぎなかった。

しかし、それだけでも前年の年間台数に近い成績を毎月あげるようになったのだから、皆は興奮気味であった。

図6-1 ジュピター納入台数

	月次(台)	累計(台)	
1月	1	1	“100”台の発表
2月	1	2	組織変更
3月	4	6	“新戦略”スタート、機械直販に
4月	8	14	
5月	6	20	
6月	14	34	提案書システム、新インセンティブ
7月	13	47	
8月	14	61	
9月	15	76	
10月	24	100	
11月	20	120	
12月	28	148	

一カ月で前年の一年分を

欧米市場をしのぐ勢い

六月頃からはさらに強い手応えを感ずるようになった。

まだ一台も売っていない営業マンもいることはいたが、周囲の熱気を見て、自分も何とか一台目を出さなければと焦りまくっていた。

月の販売台数が一〇台を超えてみると、それがまた当たり前のような気持ちになった。

幹部たちはやがて、目標一〇〇台までの距離をそれほど感じなくなった。

彼らを見ていると、獲物を射程距離のなかにとらえたハンターみたいな格好の良さがあった。広川が一年前、一〇〇台の目標を発表した時、下を向いていたのと同じ連中だとは信じられないくらいであった。

しかしその時点でも、一年間の販売台

数が最終的に一五〇台近くにまでいくとは、誰も思っていなかった。

十月からの三カ月間は、月の納入台数が連続して二〇台を超えた。

これは年率にすると、三〇〇台近いペースの納入が続いたことになる。

こんなことは、米国のプロテック社でさえ、かつて見たことのないことであった。米国市場や、すべてのヨーロッパ諸国を合わせた欧州全域の売上げをも凌駕する販売ペースだったからだ。

一時はジュピターの在庫が切れそうになって慌てたが、米国と欧州向けの出荷分を急遽回してもらい、何とか凌いだ。

強敵の出現

セグメンテーションによる「絞り」と「集中」は、予想を超える効果を生んだ。

しかし、すべてがスンナリいったわけではなかった。

最初の頃、プロテック営業マンの多くは、**敵の牙城《がじょう》を避けて通ろう**とした。私立病院への売り込みは進んだが、ドイツ化学の押さえる基幹病院へのアプローチが後回しになったのだ。こうした状況は、営業活動のモニター・システムによって、広川たちには早い段階から見えはじめていた。

そんなやり方では、ドイツ化学のシェアを決定的に切り崩すことはできない。

東郷部長が、攻略の重点を優先度ⅠからⅡに広げさせようと考えはじめた頃、実はこのギャップがより明白になってきたのだ。

東郷は六月、基幹病院のアタック体制を再構築するよう、各地に指示を出した。

• ドイツ化学の牙城になっている基幹病院については、そのアプローチを各地の営業所長の個人の責任下に置く。

• 特別のモニター体制を敷いて、基幹病院攻略の進捗状況を毎週本社で総括する。

こうした措置によって、今回の戦略が何をねらっているのか、皆は改めてダメを押された。あくまでセグメンテーションの**セオリー通りのことを忠実に実行**することを求められたのである。

そんな折も折、広川たちを震撼《しんかん》させる事件が起きた。七月の初めとうとう、ドイツ化学の**対抗品が出現**したのである。

彼らの第一号機は、大阪のある大学病院に持ち込まれた。

年内は大丈夫だろうと思っていた広川たちの期待は見事に裏切られたのである。

確かな手応えを感じはじめていたとはいえ、市場を席巻するにはまだほど遠い状況であった。

こんな段階でドイツ化学の営業部隊が全力で対抗してきたら、彼らの牙城を攻め落とすことなど不可能になるだろう。

この時期、広川や東郷たちの**心理的プレッシャー**はピークに達した。

「拡販を急げ」

各地の営業マンに檄《げき》が飛んだ。

しかしどういうわけか、ドイツ化学の動きは予想外に鈍かった。

しばらくして分かったことだが、慌てて発売した観のあるドイツ化学の製品には、初めのうち機械のトラブルが相次いで出ていたのである。

それがかえってジュピターの評価を押し上げたことは言うまでもない。

それに加え、大組織ドイツ化学の営業部隊は、こちらの動きを甘く見ていた。

彼ら自身が、G検査の自動化ニーズを見落としている兆候はあちこちに感じられた。

例えばある時、関西の有名病院の商談でプロテックとドイツ化学が正面から取り合いを演じた。昔ならすごすごとシッポを巻いて帰ってきたプロテックの営業マンは、この時一歩も引かなかった。病院の要請で、両社が同じ日の同じ時間に呼ばれ、順番に会議室で製品のプレゼンテーションを行うことになった。両社のスタッフが呉越同舟で廊下に待機していた時、ドイツ化学の一人の営業マンが、プロテックの営業マンに小さな声でこんなことを言ったのだ。

「こんな機械、本当は病院は必要としていないですよ。おたくが売り込むから、うちも仕方なくやっているだけです」

こうした意識の違いが、結果の明暗を分けたのかもしれない。

プロテックは、北から北大、東北大、東大、東京女子医大、日大、日本医大、名古屋大、京大、大阪大、……と主要な大学病院に次々と納入を決め、一年足らずの間に、ターゲットにしていた大学病院の六三％を押さえることに成功したのである。

国公立病院に対しては、アドオン方式がうまくいかないかもしれないという心配から、当初のセグメンテーションでは魅力度を一段階下げていた。しかし実際にやってみると、問題のないところが多かった。そこで、途中でセグメンテーションを作り直し、国公立病院へも積極的なアプローチを行った。

当初予想できなかったことはほかにもあった。

例えば、ジュピターを納入すると、その病院でのG検査の回数が著しく増えることが分かった。

広川はこの現象に飛び上がった。

どこも、少なくとも三割くらい増えるのが常であった。検査結果が早く出ることが分かって、医師が検査を求める回数を増やしたためであろうか。高性能のコピー機を納入したら、以前よりも**コピー用紙の消費量が増える**のと、現象的には全く同じであった。

ジュピターは旧タイプ品の単なる代替品ではなく、市場の新たな拡大を引き起こしているのだ。

この現象のため、アドオン・プログラムを当初の予定よりも早く終了するユーザーがたくさん出てきそうな見通しである。

つまり、ジュピターの機械代金の回収が早くなっているのだ。

予想しなかったこの現象に広川や東郷たちは笑いが止まらない気持ちだった。

販売ツールはどれも効果的であった。今までろくなものがなかったせいもある。とりわけ、提案書は強力な武器となった。

提案書はユーザーの組織のなかで回覧され、あるいは何回もコピーされ、どこに行っても、こちらの**筋書き通りの説明**が繰り返された。

営業マンの手を離れた後も、**一人歩きで話を広げてくれた**のである。

半面、うまくいかなかったこともある。

例えば、回数券を渡す方式は、ほとんど冗談の種にしかならなかった。病院のスタッフはそのチケットを机の奥にしまい込み、面倒臭いとほったらかしの人が多かった。チケットをあと何枚使えば機械が自分のものになります……とお客に自分で勘定させようというこちらのアイデアは、どうやら子供だましであったらしい。

ジュピターの販売ルートの直販化は、大変な戦略的効果をもたらした。関東商事の営業マンは前よりもかえって協力的になった。両社の一時緊張した関係が、むしろ彼らの協力姿勢を鮮明にするきっかけとなったようだ。

プロテックの営業マンがジュピターを納入すれば、それに使われる検査薬は自動的に関東商事のルートを通じて売られる。彼らにしてみれば、機械販売のリスクからは完全に免れて、しかもその後の高収益のビジネスだけは半永久的に流れてくるのだから、フタを開けてみれば文句の言いようもなかった。

だから、関東商事の営業マンは、ジュピターに関心を持つ病院を見つけるとすぐプロテックの営業マンに連絡し、進んで拡販に協力してくれたのである。

しかし、このジュピターの販売ルートの変更は、もっと深い、長期的な価値を生み出しつつあった。それは何といっても、プロテックの営業マンたちの**自立心の醸成**に最大のインパクトを与えたのである。

自分たちが動かねば何も始まらないという切迫感と責任感が、彼らの勇気を奮い起こした。彼らは、もはや代理店におんぶにだっこの、半人前の営業マンではなかった。自販力をつけ、自分で営業戦略を考え出すことのできる素晴らしい営業部隊に変身しつつあった。

彼らが次第に**プロらしくなっていく**。

広川は、まさにしてやったりと、一人ひそかにほくそ笑んでいた。

あの老会長の表情を思い出しながら、広川はこの変化こそが、今回の戦略が生み出した最大の成果ではないかとさえ感じていた。

戦略プロフェッショナルの要諦⑩ 戦略リーダーシップの移行と部下育成

この本の特徴は、紙幅の大部分が「分析と立案」「事前準備」の説明に使われていることだ。

結果のことは最後の短い紙幅で描かれているに過ぎない。「戦略」は事前のプランニングで成否が決まってしまう部分が大きいからである。

いかなるビジネス行動もすべて一枚目（現状認識・反省）→二枚目（対策・戦略）→三枚目（実行）の順序で行われる。一枚目は必ず強いトップリーダーが先導する。組織にその人が登場しない限り、何も始まらない。一枚目では「過去の否定、新しい価値観の創出、リスクへの対峙」などがキーワードだ。

しかしいつまでもトップリーダーがすべてを支配するのではない。二枚目の段階では「ミドルへの橋渡し」が始まらなければならない。本書では東郷が主役の一画に加わってくる。三枚目ではトップリーダーの影はさらに薄くならなければならない。「ミドル先導、集団による熱い実行」がカギになる。戦略プロフェッショナルを目指すあなたは、プロジェクトが一→二→三枚目に移行するに従って、自分の果たす役割を調整していくことが必要だ。そのことでのキーワードは「部下の育成」である。

マーケットシェアの逆転

それからさらに一年がたった。

今やプロテックが大病院セグメントで、ドイツ化学の牙城を完全に崩したことは明白であった。

検査センター一〇〇社を別にすると、拡販対象にしていた病院は七四〇であった。そのなかで、旧タイプからジュピターまたはその競合品に転換したところは、約三分の一に当たる二五一病院であった。

これらの病院における競合各社のシェアは次のようになっている。

プロテック	二一三病院	（八五％）
ドイツ化学	二九病院	（一二％）
その他	九病院	（三％）
合計	二五一病院	（一〇〇％）

プロテックは客先の数にして、実に八五％のシェアをとったのである。

もちろん、拡販対象外のより小さな病院にもジュピターは売れた。しかし、検査薬の販売量からすれば、当初の拡販対象に含まれたユーザーが最重要であったことは言うまでもない。

しかし、まだ三分の二のユーザーが、旧タイプ品にとどまっていることは意外であった。このなかには、ドイツ化学の昔からの顧客が多数含まれたままである。

病院がG検査の自動化に動きさえすれば、ジュピターは勝ちを収めることができた。

しかし、もしユーザーが旧タイプ品にとどまるなら、そこからドイツ化学を蹴《け》落とすことは容易ではない。もしかすると、いつかドイツ化学の営業マンが囁《ささや》いたように、ドイツ化学はジュピターの対抗品を売り込むことよりも、彼らの顧客を何とか旧タイプ品にとどめておくことに活路を見いだそうとしたのかもしれない。

しかしそれは、どう見ても**袋小路（デッドエンド）の戦略**であった。

その先には、彼らにどんな展開が待ちうけているというのだろうか。

旧タイプ品では依然としてドイツ化学のシェアが高いから、旧タイプ品とジュピターの両方を合わせた市場全体ではプロテックの市場シェアはずっと低くなるはずだ。東郷たちは、それがどうなったか推定してみた。

ターゲット七四〇病院の数の取り合いでのシェアではなく、病院の大小の差を考慮して、G検査の回数（それと検査薬の販売量は比例する）での市場シェアを計算してみたのだ。

プロテック	五三％
ドイツ化学	四二％
その他	五％

合計　　　一〇〇％

かつて二〇％のシェアしかなかったプロテックにとって、これは地滑り的な、まぎれもない大躍進であった。

プロテック事業部の成長

プロテック事業部は、ジュピターの拡販戦略によってどれほどの成長を遂げたであろうか。

広川が新日本メディカルに赴任してきた時、プロテック事業部の年間売上高はわずか八億円ほどであった。それが二年後には一五億円、三年後には二〇億円を超えようとしている。

広川が一〇〇台の目標を発表した時に立てた皮算用とそっくり同じ業績が実現し、さらにそれを乗り越えて成長が続いている。

第一製鉄から見れば、依然として小さな事業であるかもしれない。

しかし、事業戦略の秘訣《ひけつ》がどんなに小さなセグメントでも、そのなかでナンバーワンになることだとすれば、プロテックはまさにそれを成し遂げつつあるのだ。

製品別の売上高を見てみると、広川が心配したジュピターと旧タイプ品の共食い現象が、最小限のレベルに押さえられたことは、数字が物語っている。

図6-2 プロテックの成長

（年度）	0	1	2	3
製品群A				
a. 旧タイプ	286	287	237	197
b. ジュピター（含機器）	59	266	622	873
	345	553	859	1,070
製品群B	80	110	154	240
製品群C	62	57	55	38
製品群D	165	114	46	28
製品群E	197	250	401	630
	879	1,084	1,515	2,006

（百万円）

旧タイプの落ち込みは緩やか。戦略の勝利

この凋落をジュピターがカバー

次の目玉も成長しはじめる

面白いことに、ジュピターの成功によって、そのほかの商品も引っぱられてよく売れるという波及効果が出た（右ページの表の製品群B、E）。

会社のある部分を良くすると、それが**改善の牽引役**になって他のことも良くなるという、相乗効果の典型のような話である。

特にジュピターの拡販が一段落した後に、次の目玉として並行して取り上げた製品群Eの成長が著しい。それにしても、製品群C、Dの凋落は早かった。もしジュピターの成功がなかったなら、今頃事業部全体がかなりの苦境に陥っていたことは疑いない。

これから先の本当の競争相手は、ドイツ化学ではなく、日本企業かもしれない。

広川が米国プロテック社を訪ねた時、彼は日本の競合メーカーの参入を一年後に予想した。それは、広川の「時間軸」をいやが上にも制約し、それがプロテックの戦略展開に重要な影を落としたのである。

それからわずか半年後のドイツ化学の参入に続いて、広川が予測したよりも少し遅れて、約一年半たった頃から、日本企業の参入がさみだれ式に始まった。この市場の競合企業の数は、やがてピーク時の一〇社にまで増えていく。

彼らは、プロテックとドイツ化学の壁にはばまれ、まだ大きなシェアをとるには至っていない。

しかしこれから長期の競争となれば、日本企業の力を侮ることはできない。

自動機器への転換に踏み切らない保守的ユーザー群をジュピターに向かわせるには、営業のテクニックでは及ばないものがあるように広川には思える。

ジュピターの技術開発をさらに進め、コンピューターと連動したデータ処理など、時流に合った最先端技術の開発が必要になる。そのためには、研究、開発、生産を含む事業全体の戦略を組み立て直さなければ、そうした製品を次々に出していくことはむずかしい。

小野寺社長の話

そうですね、早いもので広川常務が当社に来てくれてから、三年近くたちましたね。

彼は私の持っていないものを、この会社にたくさん持ち込んでくれました。

ものすごく単純なセオリーに、ずっとこだわり続けるところが彼の特徴です。

社員の態度もずいぶん変わりましたね。

顔つきが、かつては平べったい顔をしていたのが、最近は流線型ですよ。

一人ひとりの技量が、昔とは比べものにならないくらい高まったと思います。

私の立場で何がいちばん変わったかと言えば、米国のプロテック社との関係です。

社員も気づいていると思います。

いえ、何が変わったって、とにかく**力関係が逆転**しちゃったんですよ。

昔は向こうの言いたい放題でね。

まるでこちらがグズみたいに言われて、しょっちゅう頭に来ていたんです。

ところが、こちらがバンバン売るようになったら、日本のお客さんから、あれやこれやクレームが来るんですよ。

機械が故障したり、検査薬の品質に問題が出たり。

ところが、**米国の対応がのろい**んです。

お客の言うことになんでこんなに鈍感でいられるのかと思うくらい遅いんです、対応が。

日本人を馬鹿にしているのかと思っていたら、そうでもない。

米国人はだいたい大ざっぱな人たちだということが分かりましたよ。

向こうにしてみたら、日本人はなんでこんな細かいことまで文句を言うのか、てなもんで、こちらの客の要求を真剣に聞く耳を持たない。

仕方がないから、新日本メディカルの社内で、どんどん改良作業をやることにしたんです。

例えばソフトウエアを手直しするとか、日本で小さな部品や消耗品を調達するとか。

そしたら、日本の客先には好評でね。

米国人のペースでやっていたら、日本でシェアなんかとれませんね。

それに、こちらの改良点を米国側が採用してみたら、米国の客先にも評判が良かったりして。

米国のお客さんだって日本的な品質基準を歓迎するんですよ。

だから、日本の自動車に人気が集まるのは当たり前だと思います。

日米の貿易摩擦では、米国企業が日本のことボロクソに言ってよく非難していましたけど、米国製品を買わないで日本製を選んでいるのは米国人自身ですからね。

それにしても心配なことは、プロテック社からジュピターのあとの新製品が全く出てこないということです。

ドイツ化学も日本の競合企業も、そろそろジュピターの上をいく改良品を出してくるのではないかと、こちらは戦々恐々です。

もしそうなったら、せっかく広川常務たちが苦しい思いをして築いた地盤が、また彼らにとり返されてしまいます。

しかし、プロテック社の方は鈍いですね、動きが。

開発は継続性の戦いですからね、新製品を一つだけ花火みたいに打ち上げたってどうしようもないんです。

別にダントツに引き離さなくてもいい。**鼻の差でもいいから、常に開発競争の先頭**にいるということがカギですよね。

それは私がパソコン事業の敗退で学んだ最大の教訓でもあります。

それに、何かへんな噂もあるんです。

もしかすると、プロテック社が米国のどこかの会社に買収されるんじゃないかって。

そうなったら、どうなるんですかね。

ただでさえプロテック社はよく人が辞めるんです。あれ、と思ったら担当者が変わっていて、次の人にまたゼロから日本のことを教えてやらなければならない。ひどい時には、一年もたたないうちに交替しちゃうんです。その人が同じ会社のなかにいてくれるのならまだいいんですが、引き継ぎもなしに辞めちゃったりするんです。

上の人に文句を言うと、米国の会社ではよくあることだ、なんてケロッとしているんですから、どうなっているんですかね、あの国は。

もしプロテック社が買収されたりしたら、今の経営陣も総入れ替えでしょうね。今までの知識やノウハウはどこに行っちゃうんでしょうか。

わが社にも影響大ですよ。

そんなわけで、最近何か落ち着きません。

トップダウンからの脱却

広川洋一の話

実はね、最近少し悩んでいるんですよ。

社員には言えないことなんですが。

ええ、この三年間プロテック事業部の連中はよくやってくれましたね。

一緒に戦った、という感じです。

これを**燃える集団**とでもいうのでしょうか。

何とも形容しがたい気持ちで、東郷部長なんか、私にとっては「**戦友**」みたいなもんです。

でも、最近この組織に一つの限界のようなものが見えてきた感じがします。

いいえ、今までやり方が悪かったというのではないんです。

我々の組織は、ここ二、三年で完全に一皮むけました。

そして、また**次の一皮がむけるための変化**が必要になってきたということではないかと思っています。つまり、これから先、今までのやり方だけでは足りない、そんな状況が見えてきたということです。

この三年間は、強引な中央突破戦略でした。

私が来た時は、皆元気がなくて、何となく負け犬みたいでした。

だから、**組織をヒエラルキー型**にまとめちゃって、完全にトップダウン戦略で旗を振ったんです。

私が来てから、**外部の人材**を採用して、**いろいろな考え方がぶつかる**ようにしました。

異質の人材がたくさん増えて、**何となく動物園**みたいです。

そう、「ゆらぎ」なんてカッコつけた優雅な言葉じゃなくて、ガタガタ、ドタドタひっかきまわしたら、とたんに皆元気になっちゃったんです。

でも組織を活性化しただけじゃ、まだ何も起きませんからね。

そこで上から戦略目標を与えた。

セグメンテーションのような技法も導入して、皆のエネルギーを束ねたんです。

それで皆が一つの方向にガーンと走った。

この三年間に起こったことを簡単にまとめるとそんなところです。

でも最近、このアプローチにもジワジワと問題が出はじめているみたいな気がしますね。

まず第一に、トップダウンでやってきたせいか、皆が**自分で考えなくなってきた**ような気がします。

もっとクールに考えると、私が来る前の状態に戻りつつあるのかもしれないと、少し心配なんです。

彼らは最近、**上からの命令を待っている**んです。

最初の二年間に比べて、最近は、下からこうしたい、ああしたいという提案が出てくることが少なくなりましたね。

第二に、何か**組織の「遊び」**みたいなものがなくなってきています。

行動管理やターゲット先の進捗管理をあまりにもキッチリやりすぎたような気がします。

何やらまじめ。

何やら窮屈。
何やらモノトーン。
要するに、面白くも何ともない、機械みたいな組織になりつつあるんじゃないか、そういう恐れなんです。
中央集権にすると、組織の活性というか、**自分で自己増殖的にころがっていく力**が衰えるのは事実のようですね。

戦略プロフェッショナルの要諦⑪

戦略的組織のバランス

この戦略ドラマの最後に来て、広川洋一が吐露する「戦略組織のモノトーン化現象」の話は、ほとんどの読者が気にせずに通り過ぎてしまう。戦略プロフェッショナルとしてトコトンやり抜き通した経営者だけが、何年かたってその現象に気づき愕然とする。初心者が読んでもピンと来ないのはやむを得ないのだ。

著者は広川洋一の経験を経て、その後さまざまな挑戦を重ねたうえで二〇〇二年に、東証一部上場企業ミスミグループ本社の社長に就任している。そこで実行したミスミ組織論は『末端やたら元気』と『戦略的束ね』のバランスである。

そこには広川洋一の学びが反映されている。個人の闊達さを優先しすぎると、組織はバラバラ病、チマチマ病に陥り、会社全体の戦略的束ねは見失われかねない。しかし会社がトップダウンの戦略的束ねを長期に徹底させ過ぎると、いずれ個人はトップが打ち出す戦略に盲従するだけとなり、かえって組織の闊達さは失われかねない。

つまり、会社を元気に保つために重要なこれら二つの要素は、互いに矛盾する要素を含んでいるのだ。どちらか一方に偏れば、かえって組織の元気が失われてしまう宿命だ。戦略プロフェッショナルは、自分の組織が置かれた状況を見きわめながら、この二つの要素の間で行ったり来たりのバランスを図らなければならない。


この三年間、いろいろやって、一皮むけたからこそ見えてきた問題ですから、これは次のステップに行くための嬉しい問題と考えれば気が楽です。

この先の対策は明確です。

組織をヒエラルキー型にしすぎたから、これを意識的にゆるめて、平べったい部分を作ります。

少したづなを緩め、**心の余裕を持たせる期間**を個人別に設定してやります。

要するに、**問題は私自身**なんですよ。

いつも**「時間がない」という強迫観念**に追いかけられていると、どうしても部下をせっつきたくなるんです。

今は、トップとしてのエゴをおさえて、**少し低い目標でも我慢する**ことが必要だということのようです。

そんなことできるのか、ちょっと自信はありませんが。

下からプランが上がってこないので、**シビレを切らして命令を出す**とトップダウンの続きになってしまいます。

企画部のスタッフと現場の人材の入れ替えもやります。

企画の連中ばかりに考えさせるのではなく、**組織全体の創造性**を高める必要があります。

そのためには、もっとミドルの連中を戦略プランニングに巻き込むための仕掛けがいります。

企画という仕事は人によって適性がありますから、それに向いた人間をどうしてもそこに長く張りつけてしまいがちでね。

かつての東郷部長みたいに企画をやっていても、ラインに出してみれば、戦略的なセンスで部隊長の仕事をダイナミックにする奴が出てきますからね。

東郷部長といえば、彼は最近ますますツラ構えも良くなって。

人間というのは、重荷を負わせてみないと分かりませんね。

今度の経験で、彼は将来、経営者のレベルにまで上がっていく可能性が出てきたと、私は見ています。

近く営業から出して、新規事業とか別会社の立ち上げでもやってもらおうかと思っています。

それをやったら、彼はさらに一皮むけると思います。

こんなこと言うと驕《おご》って聞こえるかもしれませんが、私がこの会社にきて、**親亀が子亀を産んで、子亀が孫亀産んで、**……とやっていったら、東郷部長みたいな人材がゴロゴロいるすごい会社ができるのではないか、……それが今の、私の夢みたいなもんです。

新日本メディカルも社員が二〇〇名を超えました。

何か長期的な経営ビジョンのようなものもそろそろ示した方がよいのかもしれません。

これから工場を作ったり、いろいろ夢のある動きをすることになります。

戦略的には自前の研究開発をもっとやらないと、将来、会社を独り立ちさせることはできませんね。

私の将来のことですか？

ハハハ、それもちょっと悩みの種ですね。

私がこの三年間に得た経験は、第一製鉄での二〇年くらいに匹敵するか、もしかすると一生かけても経験できないくらい、大変なものでした。

自分の体と心が、バリバリと音を立てて成長するみたいな感じがありました。

経営の修羅場は現場だということがよく分かりました。

私も三九歳になりました。

これから先どうするか、そろそろはっきりさせなければいけません。

私に、早く帰ってこないと本社での出世が遅れる、なんて言ってくれる人もいるんですが、何か違うんですよね。
人生、楽しみ方にもいろいろありますからね。
私の場合はチャレンジすること。
これから先、どんな生き方が良いのか、もう少し考えてみます。

戦略ノート

経営のプロフェッショナルとは

この半世紀に、ビジネスの世界はとてつもなく複雑になった。直感や経験則に頼るだけでは競争のダイナミズム（動態）を読み切ることはむずかしくなり、競争相手を「出し抜く」チャンスを手にするためには、論理や戦略を明快に組み立て、それを忠実に実行することが求められる時代になった。

その論理や戦略は次第に高度化し、そのため経営における「プロフェッショナル」の必要性が認識されるようになった。

プロフェッショナルが求められるようになったのは、企業経営についてだけではない。この三、四〇年間にさまざまな分野で似たような現象が進行し、米国は多くの分野で「プロフェッショナル」の育成に成功した。ところが日本は多くの分野で、プロとしての技量や経験において、惨めなほど米国に負けている。米国は六〇年代から九〇年代初めまで、多くの産業分野で日本企業に敗退を重ねたが、例えばプロ経営者、経営コンサルタント、ベンチャー・キャピタリスト、金融工学、コンピューターソフトなどの職種では、米国の人材輩出は日本に対して絶対優位を保ってきた。一見してバラバラに見えるこれらの職種に共通した特性は何だろうか。

まず第一に、これらはすべて「創造的頭脳業種」である。ある程度の資金さえ確保されれば（そして現実に資金は大きな制約条件にならないことが多いので）、あとは「クリエイティビティ」が幅を利かせる分野である。ここで言う創造性は、技術開発だけではない。事業や商品をどう成功させるかは、それをリードする企業家の「戦略創出能力」が大きくものを言う。

クリエイティビティとは、個人能力の発露によって維持されるものである。したがって第二に、これらの分野では必然的に「個人」の役割が大きい。「一人一人の個人的力量」「プロフェッショナリズム」が勝負の分かれ道になるのである。

人間社会で高度のプロフェッショナル集団が形成されると、そこでは「弱肉強食」と「人材の流動性」が不可避かつ不可欠の特性になってくる。プロ野球の世界を考えれば、すべての説明がつく。ドラフトで入ってきた新人は、優秀であれば先輩を押しのけてポジションを奪い、成績がだめな先輩は辞めるか、他の球団に移って再起を図るしかない。

もしプロ野球で「弱肉強食」と「人材の流動性」が確保されないなら、いかなる球団もたちまち腐っていく。プロとはそんな世界だと多くの日本人は理解している。となれば、ビジネスの世界でも高度のプロ組織となれば、同じ行動様式が伴うのは当たり前だと理解できるはずである。

したがって第三に、プロ社会の特性に従い、これらの分野での人の流動性は非常に高い。もともと転職の多い米国のなかでも、シリコンバレーや金融・投資などの分野では人の移動は一段と激しく刹那的である。日本の大企業組織では対応しにくい流動的な組織環境のなかで、新しいビジネスが展開されている。今や日本でも転職は当たり前の現象になったが、「プロの技量」を転職の武器にして移動する人は圧倒的に少ないと感じる。

こうして米国は、「創造的頭脳業種」と「優秀なプロフェッショナル育成」の二つを組み合わせて実現することに成功した。その二つを結びつける接着剤として、良くも悪くも強烈な「金銭的インセンティブ」という第三の要素が機能している。その仕掛けによって米国は、弱体化した伝統的業種の代わりに先端分野における世界的優位性を実現し、九〇年代に米国経済は元気を取り戻すに至るのである。

つまり米国における新しい産業活性は、一般企業の社員の改善努力などによってもたらされたのではなく、頭脳的なプロフェッショナルたちの創造性と猛烈な働きによって生み出されてきた側面が強い。

これに対して、日本は多くのビジネス分野で「プロフェッショナルの育成」に失敗してきた。その理由は、ここまでの説明ですでに明白だろう。高度のプロフェッショナル集団では「弱肉強食」と「人材の流動性」が不可避なのに対して、日本企業のなかでは企業内訓練や内部昇進を軸とした「社内労働市場」が強力に存在し、「皆で仲良く長期的にやろう」という経営がなされてきた。

その組織は日本の高度成長期には強みだった。しかしそのような企業社会では、外部のプロ経営者やコンサルタントなどによって構成される「プロ労働市場」は拡大しにくいという宿命を負っていた。日本企業が二〇世紀後半に驚異的成長を達成したのは「社内労働市場」のお陰だったのだから、両方を求めるのはどだい無理だったとも言えるのである。

もし日本企業が過去に、「社内労働市場」の常識を超える高コストをかけて社員を教育して、プロと同じレベルの技量を持たせる努力をしていたらどうなっていただろうか。

そのような教育を受けてプロの技量に達した社員は、もし社内での待遇が大して変わらなければ、技量を生かして高給の取れる「プロ労働市場」に移動したいと言い出す者が続出し、企業の期待を裏切ることになっただろう。日本企業から米国のビジネス・スクールに派遣されたトップクラスの若手社員が、MBAを取得して帰国すると社内で元の待遇に戻され、それが不満で次から次へと退職し、外資系に移る例があとを絶たないのと全く同じである。そのためMBAへの留学制度を廃止し、短期講座だけに派遣する（その程度なら会社を辞めるほどの資格にならない）に切り替えてしまった日本企業もある。

だから日本の伝統的な企業組織環境では、米国タイプのプロフェッショナルは育ちにくく、あるいは育ててもその人材を使いこなすことがむずかしいことは、歴史が実証している。

プロとは社会のなかにおける「個人の突出」である。プロだけがプロを育てることができる。だから、プロを育成するためには、その組織にプロの上司や教官がいなければならない。しかしこれまでは、日本企業の狭い組織のなかで突出してくる「出る杭」の人材は、プロ意識の薄い上司や同僚に叩かれているうちに、やがて普通の人になってしまうか、必死の覚悟で社外に飛び出すしかないというケースが圧倒的だった。

経営コンサルタントの分野で言えば、日本では一九七〇年頃から、多くの銀行や証券会社が米国と同じようなプロ組織を目指して、子会社としてコンサルタント会社や総合研究所をつくり、多くの社員を出向させた。

彼らは銀行取引上の立場を利用して、融資先にコンサルタント業務を売り込めるという絶対的な有利性があったにもかかわらず、そうした会社のなかには、失礼ながら単なるセミナー屋さんのようになってしまったか、店仕舞いをしたところが多かった。

今日、日本企業向けの経営コンサルタント会社で人材を集めているのは、戦略系にしても会計事務所・システム系にしても、例外はあるもののいまだに外資系か、そこから派生した会社が中心になっている。そのためリスクをいとわずそうしたキャリアを求める日本人の多くは、やむをえず外資系などのプロ志向組織に移ることで問題を解決してきた。

同じように、日本の金融機関は八〇年代以来、ベンチャー、ベンチャーと騒いで多くのベンチャー・キャピタル会社を設立して巨額の投資をしたが、それから三〇年たっても、米国のプロに比肩する一流のベンチャー・キャピタリストがたくさん育っているとは思えない。日本でベンチャーが育たないのは、育てる側も育てられる側も、経営のプロフェッショナリズムに欠けているからである。

しかし日本のプロフェッショナルの問題はそこで終わらない。

日本でプロ集団の育成が遅れた結果として、日本のユニークな経営の考え方や手法が廃れてしまい、今や米国流の手法に国中が染まっていくという現象が進行している。プロのコンサルタントを目指す日本人が、切磋琢磨できる環境だからと言って外資系に移ったとしても、そこで世界レベルのプロになれるかというと、実はこれが簡単ではないのである。日本と米国の経営コンサルタントの間には残念ながら、新しいコンセプトを生み出していく「創造性」に大きな差がある。

米国の経営コンサルタント産業のことを、私は多少の皮肉と羨望を込めて「経営ノウハウ創出産業」と呼ぶことにしている。皮肉と言うのは、米国の優秀なコンサルタントたちが、彼ら自身は企業経営の経験がほとんどない人々のくせに、次々と新しい経営手法を編み出してしまうことである。しかも経験豊かな米国の経営者が、それらに大金を払う。

羨望というのは、そのように編み出された経営手法のなかには、理屈ばかりで使い物にならないものもあるが、時として、日本のコンサルタントには及びもつかない深い洞察力や創造性によって、経営に革新をもたらすものが現実に出てくることである。

経営戦略や組織論の分野において、実戦的な経営手法や戦略コンセプト（学者的な発想による単なる「考え方」や分析だけでなく、会社のトップからミドルまで巻き込んで本当に経営現場で使えるツールを伴い、現実に経営上の効果をねらえるもの）をオリジナルで生み出す創造能力について言えば、明らかに日本人コンサルタントは米国人に負けていると言えると思う。そのため経営戦略論、組織変革論、リーダーシップ論、情報革命など多くの経営理論やツールに関して、日米間の貿易不均衡は、圧倒的に日本の輸入超過のまま推移してきた。

私自身が経営者として今も苦労していることだが、コンサルタント的な高等理論を越えて（あるいはそれらを現実に落とし込んで）、経営現場で本当に役立つ経営フレームワークを生み出すことは容易ではない。しかしそれでも努力を続けて、それぞれの日本企業はその会社らしい経営スタイルを持たなくてはならない。米国のマネをして後追いの経営論で歩いていくなら、日本は劣後の位置から脱却することはできない。戦略論の要諦の一つは、「強くなりたければ、競争のルールを変えろ。人まねはするな」なのである。日本全体を客観的に見て、日本企業としてのユニークな生き方が何か分からなくなっている経営者が多いのが現実である。それが日本の経営の今の弱さを生み出している大きな要因だと私は思っている。

このように、日本と米国の差を示すキーワードの一つは、「プロフェッショナリズム」なのである。

エピローグ――三〇代のチャレンジ

人間臭さと戦略

新日本メディカルは、確実に、ルート3企業からルート1企業に変身するきっかけをつかんだようだ。これで広川洋一のケースは終わったが、彼の人生は続いていく。彼にとって、次のチャレンジとは何だろうか。

良い「戦略」を立てることは、事業の成功には不可欠である。しかし、プランを立てただけでは、何も実現しない。強い「リーダーシップ」と結びつかなければ、戦略自体が無力になるのである。新日本メディカルはこの三年間で、この壁を越える経験をしたと言えるだろう。

しかし広川は、おぼろげながら、戦略とリーダーシップだけでは足りなくなってきたと感じはじめている。一つの成長を成し遂げた男が、その成長の証として、新しい次の壁に行き当たろうとしているのである。

問題は二つありそうだ。一つは、一本調子のトップダウン戦略ばかりでは、組織全体の自律的成長が枯れてしまうということだ。現象的には、皆がトップを追いかけるのにくたびれてしまうのである。だから、押したり引いたりのリズムが必要になる。

二つ目の問題は、広川の自己成長に関係している。日本で経営者として成功するためには、戦略性とリーダーシップだけでは、まだ足りないようだ。トップとしての人間性、包容力、あるいは、何か「男の愛敬」みたいなものがないと、日本では人の上に立つことができない。

そんなことは当たり前と思うだろうが、これを両立させるのは意外に簡単ではない。というのは、面白いことに、一般的に人間臭いスタイルの経営者というのは、戦略的な思考を嫌う、あるいはそれを苦手に感じる傾向があるように思われる。

しかし逆も言える。つまり戦略重視の人は、どちらかと言うと、人間的にクールと言うか、人に対して冷たくなることができる、あるいは少なくともそのように見られがちだということである。

広川自身は、まだこの点を明確に認識しているようには見えない。しかし、彼の感じていることを解釈すれば、もともと人間志向の経営者はもっと戦略志向に、逆にもともと戦略志向の人はもっと人間志向にと、互いに同じ壁を反対側に越える努力をしないと、経営者としての明日への成長がないということのようだ。

不安定のなかを生きる

ここで私自身のことに触れたい。私は一つの会社に一生勤め続けるというライフスタイルが性格的に向いていなかったようだ。いつも新しいこと、不安定なことに挑戦してきた。しかし、会社は長く繁栄すべきものだから、不安定な時期を乗り切ったあとの長期的展開が重要である。

私の場合、私の手がけた仕事を引き継いでくれた方々の努力でその会社がさらに大きく花開き、それで私自身ずいぶん得をしていると思う。そうでなければ、自分の苦労したことが何の意味もなかったことになる。

私がボストン・コンサルティング・グループ（ＢＣＧ）に入ったのは一九六九年のことであった。私はまだ駆け出しで若かったが、当時のＢＣＧの日本の社長、Ｊ・Ｃ・アベグレン博士が、日本企業で働いている日本人をコンサルタントに引き抜こうと考え、めぐり合わせで私がその第一号になったのだ。

ＢＣＧが米国でライバルと目していたマッキンゼー社も、まだ日本に来ていない頃であった。何人もの人からそんな転職は無謀だと言われた。転職自体がまだ珍しい時代だったせいもある。

当時日本でＢＣＧは全く無名、「戦略」という言葉さえ強烈に新鮮な時代だった。だから、リスクをとってそこに集まった者にとっては、ＢＣＧは今で言うベンチャー企業も同然だった。

BCGは今ではすっかり有名になり、ビジネスの世界では一つのエスタブリッシュメントになってしまった感さえある。しかしそうなったことは、その昔在籍したことのある者にとってはありがたいことである。

BCGが私をボストンの本社に転勤させると決めてくれたことは、私にとっては青天の霹靂《へきれき》だった。不安だった転職がこのような形で報われるとは思ってもいなかった。

しかし出発直前に、私は不覚にも胃を悪くして入院する羽目になった。学生時代から何となくおかしかったのが、表面化してしまったのだ。庶民の子が簡単に米国に行ける時代ではなかった。早く治りたい一心で、医者に手術をして胃を切ってくれと頼んだ。母がそんなにまでして米国に行きたいのか、と言うので、うん、行きたい、と言って手術を受け、文字通り血を吐く思いで米国に行った。

ボストンに行ってみると、驚いたことに、BCG本社のコンサルタントのなかには大学の学部だけを出たいわゆる学士が、三人しかいなかった。あとの二人を当時の私と同類扱いにしてしまっては申し訳ないが、一人は社長のブルース・ヘンダーソン、もう一人はものすごい切れ者で後にワシントンで自分の戦略コンサルタント会社を創設したウォーカー・ルイス、そしてまだ若手の私であった。

あとの全員が修士か博士だった。それがきっかけで、私は米国のビジネス・スクールに留学してMBAをとりたいと思うようになった。しかしお金がなかった。

私は子供の頃は新聞配達をしたり、学生時代には母親と二人で自宅の六畳間で小学生相手の小さな学習塾を開いて生計を立てる、といった家庭で育ったから、親に留学資金をせびるという手も利かない。そこでBCGのボストン本社でもらう給与を貯めて、近い将来、留学のために再び米国に戻ってこようと一大決心をした。

毎日ひどいケチケチの生活をした。せっかく米国まで来て、この国の同世代のなかでも最高給をとっていたのに、仕事以外どこにも行かず、まるで貧乏学生みたいにしていた。しかし目的がはっきりしていたから、みじめな気持ちはなかった。

日本の大卒の初任給が、当時の為替レートで換算すればまだ二〇〇ドルにもいかない頃だ。それに対して、ボストンで私はすでにMBAと同じ給与をもらっていた。それは当時の日本人には破格の額だった。だから、日本では考えられないようなスピードでお金が貯まった。これは私の人生に吹いた神風だった。

私は東京のBCGに戻ってすぐに、私の帰国をずっと待っていてくれた女性と結婚した。今の女房だ。もちろん好きで結婚したものの、これで留学の野望は当分ダメになると覚悟したうえでのことだった。ボストンで貯めたお金はまだ十分でなく、いわんや二人そろって米国に行くにはほど遠かった。

もしかすると永遠に無理かもしれない、という感じもあった。しかし妻はある日、「あなたが私と結婚したために留学を諦めるなら、私は結婚を望まなかった。私はまた日本であなたの帰りを待っているから、一人で留学してください」と言う。その言葉を聞いてハッとした。「そうだ。自分はこんなところでとどまっていてはいけないのだ」

妻にそう気づかされて、無理をしてでも行こうという気になった。

一年後に、BCGに留学したいと申し出ると、アベグレン博士やコンサルタントの先輩たちは、今さらビジネス・スクールに行くのは私には無意味だとまで言ってくれた。

BCGはビジネス・スクールの卒業生が来るところだ。すでにMBAと同じように扱われている人間が、わざわざなぜその逆のコースをたどるのかと言うのだ。しかし私は、日本の大企業を離れた今、これから独りでやっていくには、MBAの資格を持っていた方がよいと思うと話して、初志を貫いた。アベグレン博士は、私の人生にチャンスを与えてくれた恩人である。もう亡くなられたが、今でも思い出すたびに感謝の気持ちで胸がいっぱいになる。

日本の大学を出て一〇年目に、再び大学のキャンパスに戻って二年間も生活するというのは、ぜいたくすぎるくらいぜいたくなことである。

スタンフォード大学に行ってみると、そこでもBCGの威光が光っていた。米国の企業戦略論は、大学の学者でなく、大学から実業界に出た経営コンサルタントたちが開発し発展させたところに特徴がある。だから、ビジネス・スクールの教授たちも、BCGが何をやっているのか鵜《う》の目鷹《たか》の目であった。

ビジネス・スクールには企業戦略を教える必須科目がある。私は担当教授に頼まれて、その科目の最初の授業の時、クラス全員に一時間ほどかけてＢＣＧの戦略理論をプレゼンテーションした。日本から来た学生にそんなことやらせるのも、自由な米国らしい。

その日の授業が終わると教授は私を研究室に呼んで、ニコニコしながらこう言った。「このコースの単位をあげるから、もう君は私の授業に来なくてよい」

無理を承知で、あとから妻を呼び寄せ、二人で大学のアパートに住んだ。妻は大学の日本語図書館にアルバイトを見つけて働いてくれた。私も夏休みにはシカゴに行って働いて学費を稼いだ。質素な生活だったが、休みには二人で旅行をしたり、私はときどきキャンパスのなかにある美しいプロコースでわずか数ドルの学生料金でゴルフをしたりしたから、貧乏という感じではなかった。しかし卒業の直前には、とうとうお金が底をついてしまった。

しかもその時、妻は娘をおなかに宿していた。日本企業から家族ぐるみで派遣されてきていた日本人留学生の余裕のある生活を、その時ばかりはちょっとうらやましいと思ったものだ。

妻を出産のために一人で日本に帰し、私はしかたがないから誰かにお金を借りに行こうかと考えていた。そんな矢先に、就職の決まっていたバクスター社が、私の赴任のための引っ越し費用にと小切手を送ってくれた。それは、干魃《かんばつ》地に突然降った恵みの雨みたいなものだった。

私はそれまでに貯めたお金を最後の一円まではたいて自分自身の教育に使ってしまったことになる。もちろん、何の後悔もなかった。幸いなことに、これ以降、私はお金の心配をしなくてすむようになった。しかし苦労した母親は、私がまだ米国にいて恩返しのできないうちに亡くなってしまった。

自分をストレッチする

私はシカゴでバクスター社の社長の補佐を務めてから日本に戻り、同社と住友化学の合弁会社に送り込まれた。いきなり、会社の売上げの七割を占める商品の取締役営業部長に就任し、すぐに常務取締役になった。

私はまだ若くて未熟だった。いわんや、日本の財閥系企業と米国企業の合弁会社の経営責任を負うには、私は世間的に一〇年も二〇年も早かった。私は赴任する前日、床屋さんに行って、ヘアスタイルをなるべく老けて見えるようにしてくれと頼んだくらいだ。

一〇年前にその分野では日本のパイオニアであった事業が、その時にはマーケットシェア一〇％を割る状況に陥っていた。私が赴任してからすぐに新製品の導入が相次ぐなどラッキーなこともあったが、マーケットシェアが反転して上昇を始めるところまで組織を立て直していくのは、大変な作業であった。

そして私は三三歳で代表取締役（ゼネラル・マネジャー）になった。私の意志とはかかわりなく、重責が上から降ってくるという感じであった。会社は、私の在任中に住友化学の持ち株を買い取る交渉がまとまって、バクスター社の一〇〇％子会社になった。赴任した時は社員数は一二〇名くらいだったが、工場を造ったりしたので、四年ほどで三〇〇名ほどになった。トップの立場についてからは、ゴム紐《ひも》を思いきり引っ張るように、自分を伸ばしきって仕事をしたので、辛いと思うこともあった。今から思うと、パンパンに膨らんだ風船のようだったに違いない。

しかし、仮に私が一〇年後の四三歳、あるいは二〇年後の五三歳で初めて社長業をやったとしても、多分私は三三歳の時と同じ試行錯誤をやったと思う。だから私にとってこの経験はありがたいものであった。

私の部下たちはゼロから苦労して岐阜に工場を造り、また米国本社が認めてくれないので適当にごまかしの口八丁手八丁で、ヤミの製品開発チームを日本で発足させたが、それが後のテクニカルセンターの母体になった。工場や開発チームの組織ができてみると、日本のユーザーから受ける信用度がガラリと変わった。こちらの対応のスピード、品質の向上を認めてくれたからだ。

この会社は、買収した別の会社と合併したりして今では日本で社員一〇〇〇人を超える規模になっている。現在の社長や会長にお目にかかるたびに、その後の発展をありがたいことだと思う。

一転して、私が一九八〇年から三年間にわたって再建に取り組んだ大塚電子（当時の社名はユニオン技研）は、あと一週間で倒産というところを、間一髪、大塚製薬に救済されたベンチャー企業であった。新技術開発事業団や通産省の研究開発型企業育成センターから資金提供を受けるほど、技術的にはユニークな会社だった。しかし、あまりにも技術偏重の経営だったために行き詰まったのだ。

この会社も、私のあとを継いでくれた方々の努力で立派な会社になった。しかし、この会社の再建に入った頃は、年間売上高が現在の売上げの三週間分ぐらいしかなく、気が滅入るほど暗い落ちぶれた会社だった。私は大塚製薬の大塚明彦社長に声をかけられ、自分からこのベンチャー企業に興味を持ち、再建という仕事に生きがいを感じ、志願して仕事を引き受けたくせに、何となく都落ちしたような気分になることもあった。

私は、この会社をどうすれば成長軌道に戻せるかと毎日考えあぐねた。しばらくして、会社を再建する時には、「元の路線に戻す」という発想を持ってはいけないことに気づいた。

こちらが半分死んでいた間に、市場や競合はもう先に行っているのだから、元の路線に戻ってもしょせんは追いつけないのである。今までのことをこねくりまわすのをやめて、新しい戦略を探す方が早道だと気づいて、すっきりした。

経営戦略のことをよく勉強していたつもりでも、いざ自分一人で考え悩むと、こんな簡単な理屈を割り切るまでに時間がかかる。自分が現場にどっぷり浸かると、人には見えていても、自分には見えなくなる。そうして苦労し、悩んでいると、ちょっとしたきっかけで天からの啓示のようなひらめきが降ってきて、それで頭のなかの混沌《こんとん》に整理がつくといった感じだ。かつての経営コンサルタントも、自分で会社経営をやるとなればタダの人、というわけだ。

広川が、ジュピターの商売のポイントは、機械よりも検査薬だという単純なことに気づくのに時間がかかったのとそっくりである。

私は結局、この会社を、マイナス状態からようやく会社らしくするのに、三年もかかった。それにしても、あれほどの窮状にあった会社を救って、それを我慢づよく育てていった大塚明彦氏の、長期的姿勢には恐れ入った。

このベンチャー企業の建て直しに当たったあと、それがきっかけになって、私は、ベンチャー・キャピタル会社の社長をやることになった。それは戦前の大財閥、日産コンツェルンの総帥だった鮎川義介氏の長男で、株式会社テクノベンチャーの社長をしておられた故鮎川彌一氏の下で、投資資金六〇億円の投資活動を行う仕事だった。私は、この仕事で日本や米国のたくさんのベンチャー経営者に出会ったが、それは栄光と破滅、虚像と実像、まっすぐな話と曲がった話が玉石混淆《こんこう》でゴロゴロしている面白い世界であった。

こうして私は人生の前半つまり二〇代と三〇代に、大企業のサラリーマン、戦略コンサルタント、赤字に陥っていたメーカー二社の経営、ベンチャー・キャピタルと、四つの異なる職業を経験した。

日本人にしては激しい半生だったと思う。しかし、ボストン・コンサルティング・グループに入った時から今日に至るまで、私の仕事人生はいつも「戦略」がメインテーマであった。

そして私は四一歳の時に独立して自分の事務所を開設した。人生の後半で再びコンサルタントの世界に戻ったのだが、その昔経験したＢＣＧのコンサルタントとは違うスタイルを志向した。

不振事業の再建を専門とする「ターンアラウンド・スペシャリスト（事業再生専門家）」になることを目指したのである。その道も楽ではなかったが、その後の私の人生のことは紙幅が限られているので『V字回復の経営』（日本経済新聞社）に譲りたい。

三〇代の一徹さ

日本で成功する人の一般的なパターンは、二〇代でたくさん恥をかき、三〇代で一度は自信過剰になって失敗し、四〇代では謙虚に努力して、五〇代で花開く、といったところではなかろうか。

これが米国の場合だと、一〇年以上も前倒しの速いスピードでかけ抜けるスターがたくさんいる。それがあの国の魅力を作っている。日本でも、これからは若い世代からそうしたパターンをたどる人が多くなってくるだろう。

広川洋一はそろそろ、失敗しても許される三〇代を終えようとしている。世のいわゆる成功者になるには、この三〇代後半の五年間の経験がいちばん大切なような気がする。

四〇代の後半や五〇代で失敗をすると、それはかなりの重荷になる。しかし、三〇代で失敗や失意を味わっても、まだ残りの人生で十分回復可能な若さがある。

これまで日本の企業は失敗者を許さなかった。同じ会社のなかで敗者復活がない。残りの人生を全部使いきって、ようやくその失敗の汚名を濯ぐという感じで、ものすごく時間がかかった。

しかし、これからは違ってくる。先駆的な仕事にチャレンジする意欲と能力のある者を峻別し、できる者にはどんどん機会を与えていかなければ、会社全体が競争に生き抜くことができない時代になりつつある。

もちろん、そうしたやり方をすれば、今まで以上の確率で失敗する者も出てくる。しかし、その人たちを失敗者だと葬ってしまっては、その会社はこれから先、たちまちのうちに人材が枯渇してしまう。だから、これからはもっとリスク・チャレンジを許す人事体制が不可欠になってくる。

さもなければ、日本でのエリートたちの転職率が、米国と同じように飛躍的に高まる時代がやってくる。日本企業のなかでチャレンジし、失敗の経験を積んだ貴重な人材が大切に扱われないなら、当の本人がそんな会社にしがみついているよりも、さっさと転職して自分の経験を生かす方が得策だと思うようになるからである。

日本企業が二一世紀を生き抜くためには、現在の三〇代の社員をリスクのある事業にチャレンジさせ、成功と失敗の経験を蓄積させていくことが、将来の戦略展開にとって重要な成功要因になりつつある。

若い人々は、もし自分が二一世紀に組織のなかでリーダーシップのとれる人材になりたいと思うなら、三〇代を今まで以上にアグレッシブに生き抜く覚悟が必要ではなかろうか。

広川の仕事に向かっていく態度にも、何かそのような一徹さが見えたような気がする。

あとがき

以前に本書の文庫本が出た時、そのあとがきで私は本書の主人公広川洋一の実在モデルが、実は私自身であることを読者に認めた。それまで多くの人々からそのことで質問を受けていたが、私は黙して語らずにいた。本書には実在の当事者に擬した人物が多数登場するし、なかには多少の「悪役」も登場するので、当時の関係者に何らかのご迷惑が及んでは申し訳ないというのがいちばんの理由だった。文中の企業、人物、時代背景などに脚色を加え、実在者が誰か分からないようにしたのもそのためだった。しかし相当の年数が経過したので、文庫本の発刊時にそろそろ時効と考え、少なくとも主人公のモデルが私であることは明かしてもいいだろうと考えたのである。

本書のストーリーは、当時私が経営トップとして経営責任を負っていた住友化学と外資の合弁企業で実際に起きたことを再現している。したがって第1章で広川が鉄鋼会社から新日本メディカルに出向するくだりはフィクションである。新日鉄をはじめ日本の鉄鋼会社が異業種の新規事業にいろいろ手を出して、ことごとく失敗した時期があった。私はその当時、日本のインテリサラリーマンの経営力の弱さをたくさん目撃した。本書を出す時、そのことに触れたかったので、背景の親会社を入れ替えさせていただいた。戦略ストーリーの本論が始まってしまえば、親会社が鉄鋼でも化学でも内容に影響はないので、読者にはお許しいただけるものと考えた。

私がその合弁会社の経営トップだった時に、「戦略」のかなり劇的なサクセスストーリーと自負して言えるものが二つあった。本書はそのうちの一つを再現している。広川洋一は当時の私とほぼ同年代に設定されている。当時の社内構図やドロドロとした人間劇は省いてあるので、その意味では話がきれいに整理され過ぎている面があるのは否めない。しかし本書のテーマは「戦略論」である。戦略ストーリーの立案から実行までの事実関係や時間軸の推移は、ほぼ正確に再現されている。

ここから先は、増補改訂版ならではの趣向として、エピローグに書いた私の前半生が、その後の人生でどう変化していったかに触れておきたい。

私は人生で一貫して、戦略プロフェッショナルの道を探し続けた。私が広川洋一の仕事に挑戦していた時期、私は三〇代前半でプロ経営者の領域のはるか手前にいる未熟な経営リーダーだった。私はそのアマチュアレベルからスタートして、その合弁会社で自分の人生における経営者経験の第一回目のサイクルを這いつくばりながら通過していった。今から思い出しても、よくぞ頑張ったと自分で言いたくなるほど、孤独な戦いだった。指導してくれる人も、自分の先行モデルとして尊敬できる人も、誰一人いなかった。すべて自分で考え、試し、反省して、また次の行動を組み立てることの繰り返しだった。

リスクのある仕事には必ず「死の谷」が潜んでいる。その死の谷にもいろいろな種類がある。

私はその一つに落ちた。この会社での仕事が最後にどのような結末に至ったかは、私は長い年月、悔しくて、人に話すことができなかった。二〇年以上が経過し、本書に収録する別稿DIAMOND ハーバード・ビジネス・レビュー誌のインタビュー記事で、私は初めてそのことを語った。戦略プロフェッショナルを志向していた私の弱みは、一貫して人間系だった。

思い返してみると、この合弁会社での三〇代前半の仕事は、私が最近人生の終盤で「自分はプロ経営者である」と、おこがましくも自認して言えるようになった長い道のりの、貴重な出発点であった。あの三〇代の経験なくして、今日の私はない。この増補改訂版において、そのことについて当時の関係者の方々に、改めて感謝の気持ちを表さなければならない。私についてきてくれた当時の部下のことを思い出すたびに、その後どれほどの歳月がたっても、私にとっては忘れがたい「戦友」だと思う。

私はそのあと、大塚製薬の赤字の子会社再生の仕事に当たり、次いでベンチャー・キャピタルの仕事に就いたことはエピローグの通りだ。それらを経て四一歳の時に独立して、㈱三枝匡事務所を開いた。その歳までに、成功のみならず惨めな失敗を含めて経営経験が相当豊かになっていた。四一歳で、戦略コンサルタント、MBA、二社の赤字再建、ベンチャー投資会社社長を経験している人は、転職が当たり前のように行われている今の時代でさえ、希有だと思う。だから私が独立して経営指導を行う仕事には、依頼が途絶えることはなかった。私は若くして値段のお高いプロフェッショナルだった。

その仕事は初めの時期、ベンチャー経営者への支援だったが、九〇年代に入るとバブル崩壊後の事業不振に悩む上場企業から頼まれて、大企業の事業再生を手がけるようになった。私は日本でターンアラウンド・スペシャリスト（事業再生専門家）を名乗った初めての日本人だと勝手に思っている。

私の事業再生の相手企業は、上場企業を含め二～四年のサイクルで次々と変わっていったから、自分の事務所を基地にしていることを除けば、私はいわば転職を繰り返しているような感じもあった。対象会社の社長から直接来た依頼でなければ仕事は受けなかった。「会社の改革」と呼ぶ限り、社長以外の人と話しても限界があることを経験から知っていたからだ。私自身がその会社の役員に就任して、内部者として改革に取り組むことが多かった。

事業再生に入ればその会社で自分の部下ができる。何とか事業を救いたいとどっぷりと浸かり、感情まで強く入れ込んで一生懸命取り組む姿勢を貫いたつもりだ。社内に入ればその会社のことを「うちの会社は……」と一人称で呼んでいた。プロジェクトが終わり会社との関係が切れて自分の事務所に一人でいると、ひどい寂寞感から抜け出るのに少なくとも二、三カ月を要した。その間は力が出なくて、腑抜けみたいになっていた。あの苦しい戦いは何だったのだろうかとその都度思った。定年退職者が長く務めた会社を辞めた翌日の朝、もう会社に行かなくていいと思う時の感慨に似ていたのではないだろうか。その淋しさを人生で何度も味わった。

事業再生の最後の仕事は、売上高一兆円企業のなかの不振事業再生だった。事業が生きるか死ぬかの凄まじい企業再生の戦いを拙著『V字回復の経営』に書いた。それは本書と並んでビジネス書としてはベストセラーになったが、面白いことに、その本は景気が良くなると売れゆきが鈍くなり、景気が悪くなると加速した。その心理は分からないでもない。しかしいったん、自社が抜本改革を迫られるところに近づいたなら、好景気で余裕が生まれた時こそ、改革実行の絶好機だととらえるのが戦略経営の真髄だろう。先延ばしできるものならできるだけそうしたいと考えるのは、厳しい現実直視を回避したがる最近の日本人の心理（政治の世界ではそれがもっとひどい）が現れているのだと感じる。

約三〇年近くにわたり、私は創業間もない新興企業か、あるいは追い詰められた不振企業のいずれかの仕事をしてきた。つまり「企業の生命」の始めと終わりの両極端のステージにいる会社ばかりを繰り返し相手にしてきた。そのステージではいずれも「経営者個人の経営技量」が最も問われる。だから否応なしに私の経営的経験と技量は、日本の他の経営者人材よりも加速度的に上がったと思う。

私が人生で選んだ職業はそれぞれ、多くの日本人に比べて一〇年から二〇年も前倒しのタイミングで挑むものだった。戦略コンサルタントにしても、ベンチャー・キャピタルにしても、その後の企業再生にしても、プロ経営者としての仕事の請け負いにしても、その当時としては「新しい仕事」というより、日本で誰もやっていない「新しい職業」を創り出すことへの挑戦だったと思う。私はいつも早熟だったのである。周囲に見本になる人がいない。人がやっていないことをする人は、あとから来た人の何倍もの苦労やリスクに直面する。そのたびに目の前に現れる「死の谷」を越えることは、決して楽ではなく、実際に敗れたこともあった。しかし私はその辛さに負けなかった。そうした生き方が自分に合っていたのだと思う。

私は五七歳になってから、一六年間に及んだ事務所を閉めて、東証一部上場企業㈱ミスミグループ本社の社長の仕事を引き受けた。それまでもずっと経営者の仕事をしてきたつもりだったが、再び一社に専念することにしたのは、人生の最後に自分なりの手作りで、「日本の経営の新しいモデル」と言える会社を作りたいという野心だった。多くの日本人と違う生き方を求めてきた人生の最後にたどり着いた思いがそれだった。社長に就任してすぐに、日本経済新聞に五段抜きの募集広告を出した。「明日の経営者を志す者、名乗りをあげよ」「私の人生の残された使命は『経営者人材』の育成である。私は明日の経営者を志すあなたに、またとない可能性を提供したい」。この広告を見て「血が騒ぐ」と感じた人材が一人でも多く私の下に来てくれればいいと思っていた。

しかし大風呂敷になりかねないこの思いを現実のものにするには、それから一〇年以上、地道な努力が必要だった。私は戦略手法の「伝道師」だと自認した。「トップ戦略講座」を開きそれまでの人生で得たフレームワーク、考え方、生き様などすべてを社員に開示した。朝から夜まで彼らと質疑を繰り返すセッションを何十回も開いてきた。幹部社員たちは、年一回、自分の事業に関して「骨太の戦略ストーリー」を描くことを求められる。それが承認されたら、次に詳細の

「ビジネスプラン」に書き落とす。私は赤ペン先生になった。トップ経営陣が審議委員になって「ビジネスプラン審議」が繰り返し開催される。そこで「承認！」となればいいが、「却下、再提出！」と言われた者は、自分の戦略をさらに考え抜くことを強いられる。そうしたプロセスを経て、彼らは自分の戦略計画の実現に心血を注ぐようになっていく。

世界一流のビジネススクールといえども、教室でこの現場感を再現することは絶対にできない。そもそも欧米の一流ビジネススクールは、未熟な二〇代を相手に教えている。私はスタンフォード大学のＭＢＡであり、一橋大学ＭＢＡコースの客員教授も務めたが、教室でいくら学んだところでそのままでは、教養にはなるが、武器にはならない。四〇代前後の経営者予備軍には、「論理の世界」と生々しい「経営の現実」を行ったり来たりする仕組みの提供を工夫しないと、彼らの育成を加速することはできない。その意味でミスミのビジネスプラン・システムは、日本のビジネス教育に対する一つの新たなモデルを提示している面があると感じている。

この一〇年間ミスミの幹部や社員の多くは、まだ道半ばとはいえ、普通の企業における経営者人材育成のスピードに比べればはるかに速く、成長を遂げてくれたと自負している。人材育成が先にありきと言い切った私の経営は奏功した。結果として、この一〇年間、会社の業績は大きく伸びた。私が着任した時、会社は四〇年かけて売上高五〇〇億円の規模に到達していた。同じ五〇〇億円を積み上げて売上高一〇〇〇億円に達することを、幹部や社員は四年でやってくれた。社員三四〇人の小さな商社だったが、一〇年後には七〇〇〇人を超える国際企業に成長した。私は戦略の伝道師として考え方とスキルを示したが、それらを使ってビジネスプランを書き、実際に走ったのは彼らである。戦略プロフェッショナルへの変身を志している幹部と社員が、とりあえずの途中経過ではあるが実際にそこまでの結果を生み出したことを、私は誇りに感じている。

今多くの日本企業がグローバル競争で苦戦し、崖っぷちに追い詰められている。このままでは日本は行き着くところまで行くと思う。目先の景気の浮き沈みなど関係ない。政治のあり方も関係ない。問題は、国際競争を戦っていくために必要な、個々の日本企業の内在的な経営能力、戦闘力であり、それがいっこうに上がっていないことが問題である。その根本原因は日本の経営者人材が枯渇しているからだと、私はずっと言ってきた。その問題を解決するための私なりの努力は、これからも私の経営現場で続けていくつもりだ。

戦略プロフェッショナルを目指す読者にとって、理論と経営現場での試しの行ったり来たりは、欠かすことのできない成長のプロセスである。現場で求められるのは論理性に加えてリーダーシップであり、熱き心である。日本のビジネスマンの多くは今、海外の経営リーダーに比べて論理性の弱さを露呈しているだけでなく、かつては日本組織の強みの源泉だった「熱く燃える」ことについても、忘れかけている人が多い。多くの日本企業が閉塞状況から抜け出るためには、「論理性」と「熱き心」の結合、それが今、最も求められていると思う。

戦略プロフェッショナルを目指しているあなたの、今後の健闘を祈ります。日本はそれを必要としています。

増補

◉三枝匡インタビュー

人は「論理」と「現場」の行き来で磨かれる

「経営者人材育成論」

異色のキャリアが生み出したユニークな経営者人材育成論

「プロフェッショナル・マネジャー」と呼べる経営者は、今の日本では稀有な存在だが、三枝匡は間違いなくその筆頭候補であろう。三枝のキャリアは、日本の企業社会においては極めて異色だ。

まだ転職自体が珍しい一九六〇年代末、入社二年半で三井石油化学を飛び出し、当時ほとんど知られていなかったボストン・コンサルティング・グループ（BCG）に日本採用社員第一号として参加する。日本と米国を舞台にコンサルタントとしての経験を順調に積んでいくが、三枝は、いずれ経営者になることを真剣に考えた。

コンサルタントを続けることが、経営者への道に近づくとは限らない——二〇代にしてそれを見抜いた三枝はBCGの慰留を振り切って、自費でスタンフォード大学ビジネス・スクールに留学し、MBA取得後は実業に転じた。三〇代で赤字メーカー二社の再生やベンチャー・キャピタルの経営をみずから社長として経験した。不振に陥った上場企業や事業部の再生にかかわる、ターンアラウンド・スペシャリスト（事業再生専門家）を日本で最初に名乗ったのは三枝だ。

一六年間にわたるその活動の最後に手がけたのは、連結一兆円企業が一〇年かけても直せなかった赤字事業の再生だった。二年間で企業再生を成功させた過程は、彼の著書

『V字回復の経営』に詳しい。彼の三冊の企業再生物語はいずれもベストセラーである。産業再生機構やMBOファンドのプロたちも参考書として必ず手にした本であり、経営のプロフェッショナルとしての彼の思考法や実践プロセスを詳細に知ることができる。

その三枝が、「持たざる経営」「チーム組織」など独自の経営スタイルが話題になることの多かった中堅商社ミスミ（現ミスミグループ本社）のCEOに就任したのは二〇〇二年六月のことである。当時、ミスミの業績は優良だった。しかし、創業者の田口弘が引退を考えた時、その後継者は外部から登用せざるを得なかった。三枝は、ミスミの経営者人材の内部育成に、ほぼ白紙の状態から取り組む決意を固めたのである。

社長就任からこの四年間に、三枝は二部上場メーカーとの経営統合、製販一体の海外展開、外部人材の積極的導入など、創業者と異なる戦略を打ち出して業績を飛躍的に伸ばした。就任時、創業四〇年で売上高五〇〇億円であったミスミをわずか四年で二倍の一〇〇〇億円企業に押し上げた。しかし三枝は、そうした業績を叩き出すのと同じくらいの情熱を傾けて、みずからの使命と課した「経営者人材の育成」に注力してきた。

社内ばかりではない。上場企業のトップである一方、一橋大学大学院商学研究科の客員教授として、毎年、MBAの一学期の授業を担当してきた。「文武両道」が三枝の持ち味なのである。日本で希有なプロ経営者が培ってきた人材育成コンセプトは今、就任五年目に入ったミスミでどのような成果を生みつつあるのだろうか。

経営者人材の条件とは

聞き手：日本企業はこの一〇年でずいぶん変わり、CEO養成講座を始めた大企業もあります。共通した悩みは経営者人材の選抜基準です。

三枝（以下略）：自分の選んだ人材がそれほどの能力を持っていなかったという「人を見る目」の失敗は、人の上に立つ者すべてが経験することです。私も過去にずいぶん痛い目に遭って、それで人を見る目が肥えました。

リーダーの素養とは、「論理性」と「熱き心」の二つに集約されると思います（増補－図1「経営者人材が育つ条件」を参照）。論理性は戦略性、熱き心はリーダーシップとそ

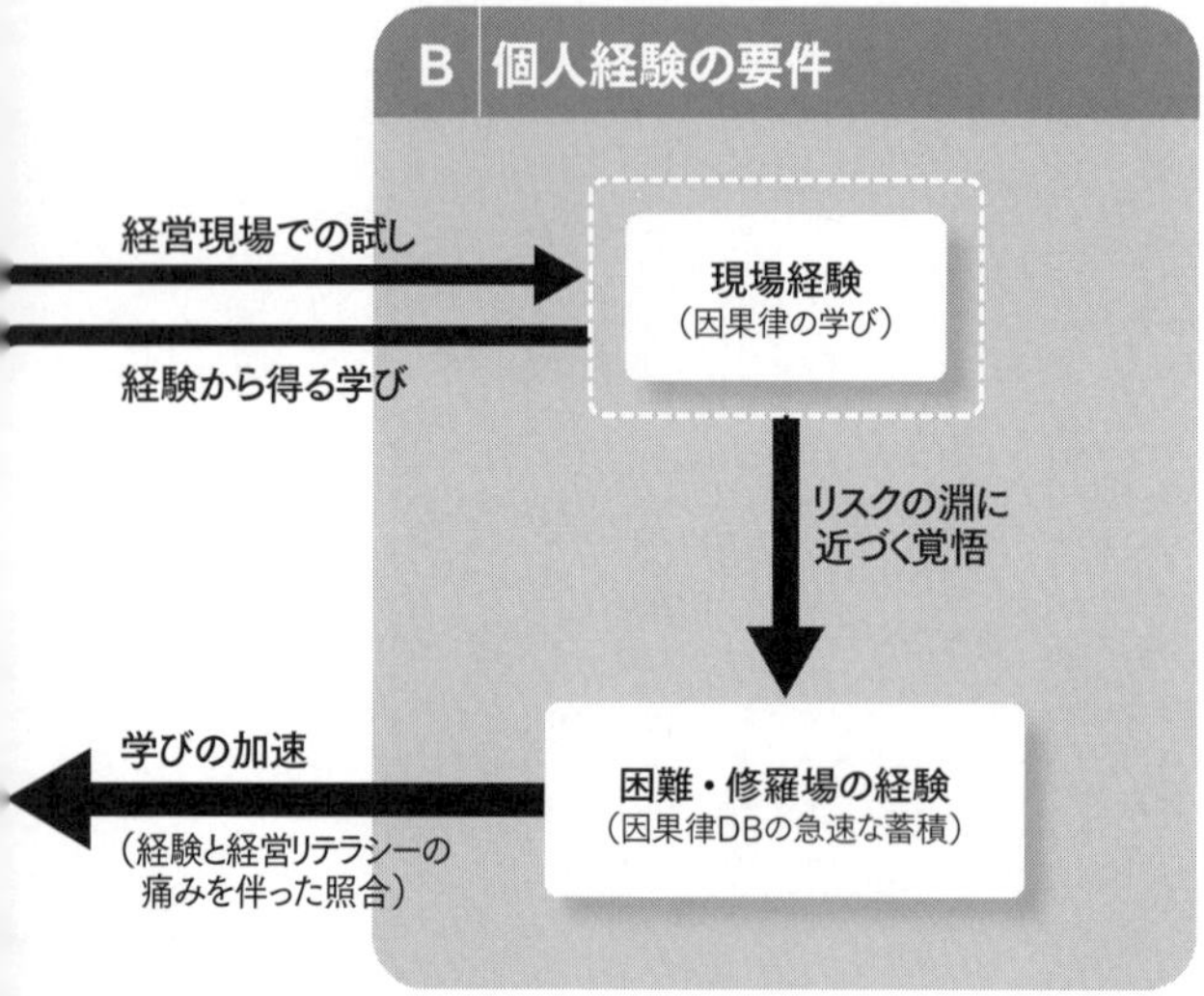

れぞれ言い換えることができます。

自分一人の力では実現できないことに挑戦しようとする人は、周囲を巻き込むために、自分の目指すことを熱心に語らざるを得ません。

熱き心とか人のリーダーシップ・スタイルは、生来の性格、せいぜい学生の頃までに形成された人格でほぼ決まると思います。後天的にこれを改良することは、よほどの体験に遭遇しない限りむずかしい。

一方、論理性や戦略性は後から習得して、自分の思考をかなり変えることができます。これだけ熾烈な競争がグローバルに進展しているなかでは、論理的でシンプルな戦略ストーリーを社員が理解できるように伝えることができなければ、経営のリーダーにはなれません。

増補-図1　経営者人材が育つ条件

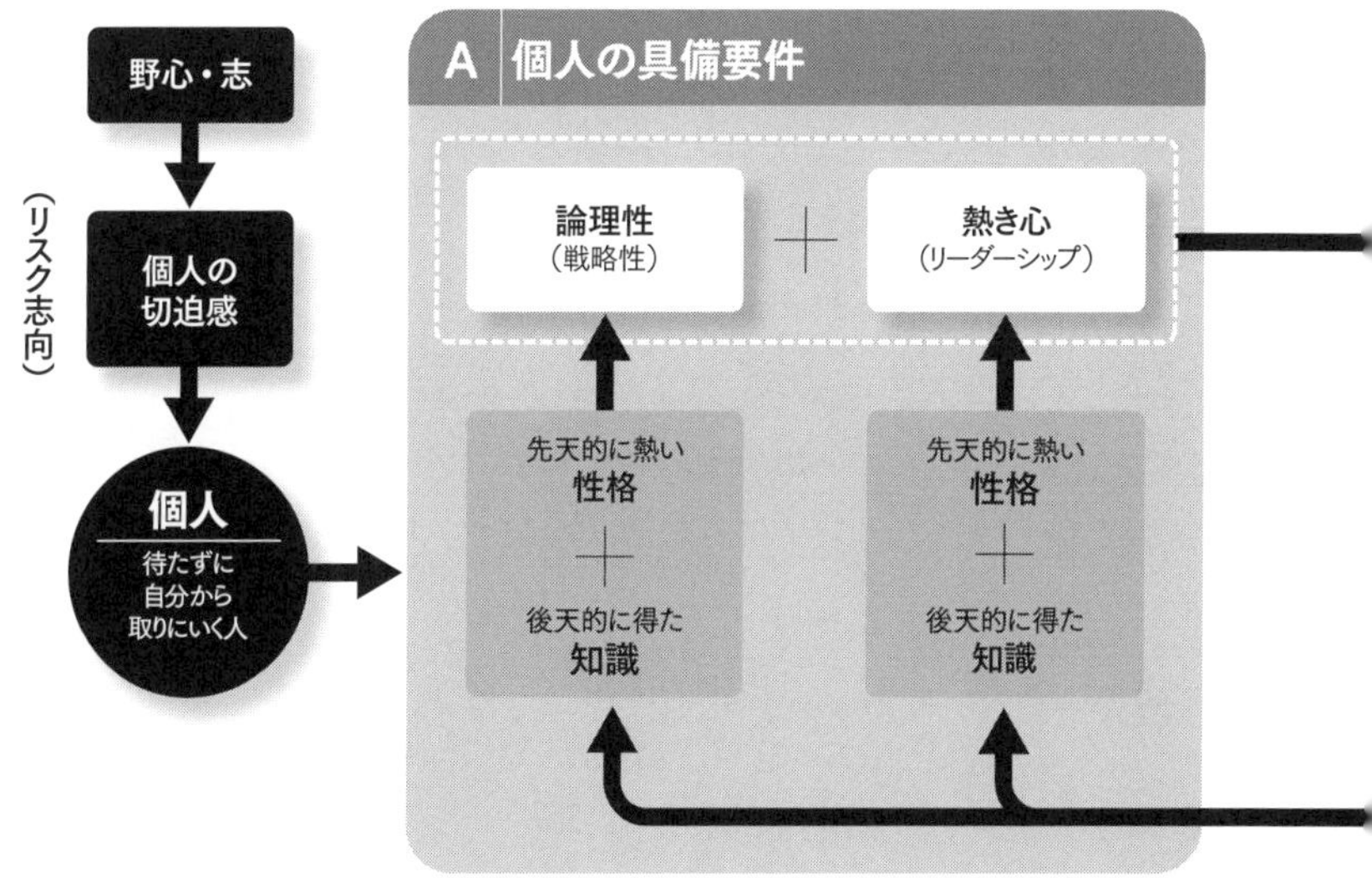

増補－図1に「自分から取りにいく」とありますが、その要件とどのように関係するのでしょうか。

「取りにいく」というのは、リスク志向のことです。実践的な経験を通じて論理性を高め、強いリーダーになるためには、普通の人よりもリスク志向が高くなければならないのです。

その「リスク志向」はどこから来るのかといえば、それを支えるのも熱い心ですが、ここでの新たなキーワードは長期的な「野心」や「志」です。人生を貫いて追いかけていく、自分のこだわりです。

それは、人生で自分のしたい仕事ができていないことに焦燥感を募らせ、何とかして現状を打破しようと必死にもがき続ける人です。通俗的に言えば「社長になりたい」とか、今はすっかり死語になってしまった「立身出世」でもいい。そういう生々しい「上方志向」が、日本ではすっかり衰えてしまいました。

しかしいつの時代も、企業や国を発展させてきたのは、このような気概を持った人々でした。米国的なマネー・ゲームが広がって、単なる利殖が人生の目的であるかのような人々も増えましたが、人の上に立てる人材とは、自分の属する組織や企業、日本という国、あるいは世界に関連づけて、自分の志を組み立てられる人なのだと思います。

修羅場で鍛える

コンサルタントみたいに理論を語れる人が強い経営者になれるとは限りませんよね。

そういう人は何が足りないのでしょうか。

経営現場における実践では、論理で割り切れないものがたくさんあります。人間の行動や感情が単純ではないからです。経営者は「論理性＋リーダーシップ」を毎日のように「現場経験」で試され、そこからの学びが図にある矢印に沿って自分に戻り「論理性＋リーダーシップ」をさらに高めていきます。理屈ばかりという人は、頭はいいのですが現場経験が足りないためにそうなっている可能性が高いですね。

経営者人材は修羅場を経験しないと育たないとよく言われますが、修羅場というのはどういうメカニズムで人材育成に作用するのでしょうか。

修羅場というのは、学びのサイクルが劇的なスピードで回転する状況のことです。上方志向の強い人は、「リスクの淵に近づく覚悟」があって、自分にとって未知のことに挑戦することが多くなるので、予想外の事態に巻き込まれる確率も高くなります。修羅場とは未経験が呼び込むものであり、挑戦的に生きる者は修羅場への覚悟がいるわけです。

私は経営のさまざまな要素をつなげている、目に見えない糸のような相互関係を「因果律[注1]」と呼んでいます。失敗とは、自分がこれだと思って押したボタンに対して、想定した因果律が思い通りに作動せず、違う結果に至ることですよね。本人はわけがわからないまま、だんだん追い込まれ、事態のコントロールが他人に移ってしまい、翻弄されたり、裏切られたり、世の中こんなことも起きるんだと思い知らされ、ようやく全体像や原因を突き止める。

そこで、よくよく反省してみると、失敗のメカニズムはすべて自分の因果律の読み違いが作動させていたことに気づきます。こうした「困難・修羅場の経験」が、通常よりもずっと大きな学びをもたらしてくれる。これが、修羅場で経営者人材の育成が加速されるメカニズムです。

実は、困難に直面しなくても因果律の習得を早める道もあります。あらかじめ「考え抜く」ことをしてから行動を起こす人は、たとえ他人から見たら失敗でなくても、もともとの自分のシナリオと異なる状況が生まれてくれば、自分の頭のなかでその原因追求と反省を繰り返すことができます。それを私は「失敗の疑似体験」と呼んでいます。計画なんて外れて当たり前みたいなものですが、だからといってプランニングはやらなくても同じと考えたら大間違い。自分の学びのためにやるのです。

豊かになった因果律のデータベースがあれば、次の挑戦では自分の組み立てのどこがまずかったのかを早い時期に察知し、修羅場の手前で早めに立ち止まることを含めて、正しいボタンを押すことができます。それで成功に至る確率が高くなります。他人から見れば、その人はあたかも「勘」のいい経営者になっているのです。

ご自身にとって大きな転機となったのは、どのような「修羅場」だったのですか。

修羅場というわけではありませんが、私

の人生で初めて「論理性・戦略性」への挑戦を強いられたのは、ＢＣＧでの経験でしたね。今の時代に若手がＢＣＧに入社するのとわけが違います。六〇年代はまだ転職自体が非常識だったうえに、三井を辞めるなど馬鹿だと言われ、行く先のＢＣＧは無名会社、日本で採用第一号のリスク、世間ではコンサルタントという職業が怪しげに思われていて、戦略という言葉は単なる軍事用語だった時代です。しかも外資系なのに当時の自分は英語ができない。要するにリスクの上にリスクが山盛りの状態でした。

入社してみるとＢＣＧは驚くほど知的でプロフェッショナルな組織でした。大変な緊張感が続きましたが、その努力は日本からボストン本社に転勤するという形で報われました。二〇代は、ほぼ二年間隔で新しい環境に移ることを繰り返しました。私の「論理性・戦略性」はＢＣＧ時代が原点であり、またプロとは何かに目覚めたのもこの時の経験からでした。

その次に、今度は「リーダーシップ・熱き心」を試される時期が来ました。三一歳の時にシカゴで米国企業に入り、大阪にあった住友系企業との合弁会社に常務取締役として送り込まれたのです。一年後には代表取締役です。二〇代に三井系で働いていた若者が、三〇代前半で住友系の代表取締役になるなんて、当時としてはあり得ない話です。

いくら経営者になりたいと思っていたからといって、アマチュア同然です。一〇年近くシェアを失い続けてきた負け犬みたいな会社を立て直すのは大変でした。戦略コンサルタントの経験やＭＢＡの資格など、何の役にも立たない泥臭い場面が次から次に出てきました。死にものぐるいでしたね。

やがて業績は上向きに転じ、米国人の上司からは、「君は生まれついたリーダーだ」などと褒められ、いい気になっていました。組織は急拡大し、岐阜に工場を建てました。そして、私が橋渡しをして外資側が住友側の持ち株を買い取り、会社は一〇〇%外資系になったのです。写真入りでマスコミにも出ました。

三〇代では、得がたい経験ですね。でも最後は成功したのですから、うまく修羅場を越えたわけですね。

いいえ、ここまでの二つの試練が修羅場だったとは言えません。修羅場とは、事態のコントロールが自分の手から離れ、他人の思惑、損得、保身、嫌悪の感情などに翻弄され、自分の立場が脅かされて精神的に追い詰められる状態を指します。修羅場では論理性は大幅に無力化され、感情が支配します。つまり、戦略系ではなく人間系の事件なのです。

修羅場という言葉を気軽に口にする人がいますが、修羅場と感じるかどうかは相対的なものです。経験の浅い人にはひどい修羅場でも、経験豊かな人から見れば何でもないということが頻繁に起きます。

私が経験した修羅場は――思い出すといまだに不愉快になるので、あまりしゃべりたくないのですが、いっそのこと、いちばん不愉快なケースを話してしまいましょうか――先ほどの外資系社長の話の続きです。事業が伸びて、気づかぬうちに私の当時の力量では手に負えない組織規模になっていました。しかし、私は得意になって経営を強気に進めすぎたのです。あれこれ手を広げ、社員を追い立てすぎたのです。どこで止まるべきかの境界線も、周囲の離反も見えませんでした。これらの過ちを自分で察知するには未熟で、しかも自信過剰になっていました。

いくら働いても追いつけない時期が続き、米国人の上司に応援を求めましたが、彼は「君しかいない」と言って何もしてくれませんでした。そしてある日突然、修羅場の舞台が反転しました。社内で私への陰の批判が出て、同じ上司が突然態度を変えたのです。二階に上がって梯子を外された感じでした。

それからいろいろなことがありました。私は米国企業が人材を使い捨てるかのような態度を見せはじめたことに猛烈な怒りを感じました。ついに辞意を伝えると、代わりに中国担当のポジションを提示されましたが、私はその場で断りました。

社長辞任と聞いて社内の幹部が見せた態度の変化は、人間の裏の裏を見た思いでした。いつの間にか私は自分の会社を面従腹背の組織に追い込んでいた。私にはカオスの淵が見えず、「人望」という言葉の重みを忘れ、そしてあまりにも戦略偏重、戦略先行でした。戦略志向の男が、戦略で足をすくわれたのです。

こうして私は、三〇代の五年近い歳月と全身全霊の努力の末に作り上げた会社を離れました。その敗北感は何年も心から消えませんでしたね。その後、私の切り開いた基礎のうえに、会社は何事もなかったように成長していきました。

冷静になって考えると、修羅場はすべて自分が生み出したものでした。一生懸命頑張ったのに、人生では全く報われないことがあることを知りました。企業トップとしての私のリーダーシップ・スタイルは、三〇代半ばで起きたこの手痛い経験が原点になっていると思います。

その後も、試練の波は何年かごとに押し寄せてきました。大塚製薬が買収した会社の再建、ベンチャー・キャピタルの創設、その後ターンアラウンド・スペシャリスト（事業再生専門家）を標榜して不振企業の再生を図るたびに遭遇した改革抵抗者との攻防の数々。時には私の方が苦杯を舐め、再び敗北感にとらわれたこともありました。そうした場面を越えるごとに、「論理性・戦略性」「リーダーシップ・熱き心」のいずれにおいても、私の経験は豊かになっていったと思います。

私は五〇歳を過ぎた頃から、どんなビジネス場面に触れてもほとんど驚かなくなりました。「どこかで見た景色」「いつか歩いた道」と思えることが増えたのです。私の因果律データベースの蓄積が進んだからだと思います。

著書で「どついて鍛える」という表現を目にしました。経営者的力量を持つ人材を育成するには、スパルタ式の鍛え方が必要なのでしょうか。

私は部下をよく叱りますが、大声になっても論理性を失わずに話すので、スパルタとは違うはずです。私の言う「どついて鍛える」というのは、潜在性が高いと判断した人材に対して、チャレンジの「場」を提供し、そこでプロ・レベルの仕事をするには何が必要かを覚えてもらうことです。

自分の実力以上の環境に置かれたら、誰にだって修羅場になりかねません。しかし人材育成には、背伸びをせざるを得ないような仕事が最適だと私は信じています。私自身がそのような育てられ方をしてきたからです。

今の日本では、挑戦の「場」を与えられずに悶々としている若手がたくさんいます。部下を厳しく叱る気風もすっかり衰えて、表層的な和気あいあいで済ませる上司が増えました。それでは、人は育ちません。

私はときどき、部下に「乱暴な人事」を行います。当事者本人にしてみればできるかどうかはわからない。ですが、多分できるからやってみなさい、と背中を押すのです。

なかにはパンクする人もいますから、実力とギャップがありすぎるチャレンジはさせられません。自分の過去の経験から見ても、困難に耐える力には限界がありますし、それには大きな個人差もあります。その人にとって「身の丈に見合った飛躍」になるように、ジャンプさせる高さは見きわめているつもりです。乱暴な人事は、リーダーの素養を持つ人材に対して行うもので、弱い人材にそんなことをしたらいじめになってしまいます。

座学で鍛える

経営者人材が育つ条件はわかりましたが、経営書を読んだり、大学などで理論を学んだりすることの意味はどう位置づければいいのでしょうか。

経営の理論・考え方・見識のことを、私は「経営リテラシー」と呼んでいます。経営に関する読み書き能力とでも言いましょうか。その出発点は、まずは座学で基礎知識を得ることだと思います。本を読まなきゃだめですよ。経営書やビジネス・スクールの講義は、大げさに言えば人類の成功や失敗の歴史から得られた教訓や原則を一般化して理論に高めたものです。それを無視すれば、人類の試行錯誤を自分一人でゼロから繰り返しているようなもので、ムダな道草になるわけです。

しかし、経営書、ビジネス・スクール、経営コンサルタントなどが語る理屈は玉石混交で、経営現場で現実に使えないものがやたらに多いことは問題です。その原因は、理論と称するものを作った当人がもともとカネの臭いのする経営現場への感性が弱い人である場合、あるいは学んだ側がその理論を自分の現場で使える「道具」に落とし込む、「論理的現場力」とでもいうべき能力に劣る場合のいずれかだと思います。

前者は経験を積むことによって善し悪しをある程度嗅ぎ分けられるようになり、後者も論理を青臭く愚直に試しているうちに技量が上がっていきます。私が書いた三冊の本はこのギャップを埋めて、理論と現場の橋渡しをすることが目的でした。論理性や戦略性も、現場経験で鍛えられるわけです。

私がミスミ社内で開く戦略研修講座では、冒頭でいきなり「いくら勉強したって、あなたたちは結局同じドジを踏む」と言います。特に他人の失敗話なんか、ほとんど役に立ちません。自分でやってみれば、やはり同じような失敗をするんです。

だったら勉強する意味はないのかと言えばそうではありません。すでに勉強を済ませている人は、ドジを踏んだ時に、「この失敗は、以前に自分が座学で学んだことと同じではないか」と気づいて愕然とします。自分の経営リテラシーと経験の間で「痛みを伴った照合」が起きているからです。この時点で過去の学びはようやく、身に染みた自戒と因果律データベースに変わるのです。

しかし勉強したことのない人にはこの照合が起きない。だから、見かけは違っても根っこの同じ失敗をまた繰り返す。経営リテラシーの意味はここにあると思います。いくら年を取っても勉強と青臭さは必要なんです。

増補‐図2「経営リテラシーを鍛える」を見ると、「実践的経営リテラシー」に、「1枚目」「2枚目」とありますが、これは何ですか。

私が考えるに、経営者や社員の行動は必ず三枚のセットで動いています。簡単に言えば、一枚目が現状認識、二枚目が対策や戦略、三枚目がアクション・プランです。実はビジネスに限らず、人間は常にこの三枚セットで行動しているのです。主婦や子どもも同じです。

出発点となる一枚目は、目の前で今進行している事態が自分の意図ないし願望に合致しているかどうか、もし合致していなければ切迫感や危機感を抱いて、なぜそのようなギャップが生まれたのかを理解する能力です。糸が絡まったような複雑な状況を「自分の手に負える要素まで分解」する能力が問われます。

問題の核心を、これとこの要素だと端的に指し示すことができれば、周囲の者にも霧が晴れてきます。このシンプル化が、組織のエネルギーを生み出すのです。優れた政治家や経営者は必ず単純化の名人であり、アマチュアというのはシンプル化ができない人を指すわけです。

一枚目がシンプルに描けると、二枚目の対策や戦略も、自動的にシンプルになります。一枚目がぐちゃぐちゃのままだと、二枚目もぐちゃぐちゃです。複雑な戦略は実行しても効果が出にくいのですが、戦略をシンプルにするための本当の勝負は一枚目で決まります。それが人を熱くするのです。

リーダーシップ論や先人の教訓話は身につきにくいとありますが、この類のビジネス書は人気があります。

リーダーシップ論は、一度はちゃんと勉強した方がいいのですが、しかしいくら本を読んでも、それで自分のリーダーシップ・スタイルを変えるのはむずかしいというのが私の結論です。私自身、リーダーとして多くの欠点を持っていますが、たとえそれを自覚できても、なかなか直せないものです。リーダーシップ・スタイルは自分自身の「痛い思い」の失敗経験を通じてしか、さして進化しないように思います。

社内で鍛える

経営リテラシーを高めるために、多くの

増補-図2｜経営リテラシーを鍛える

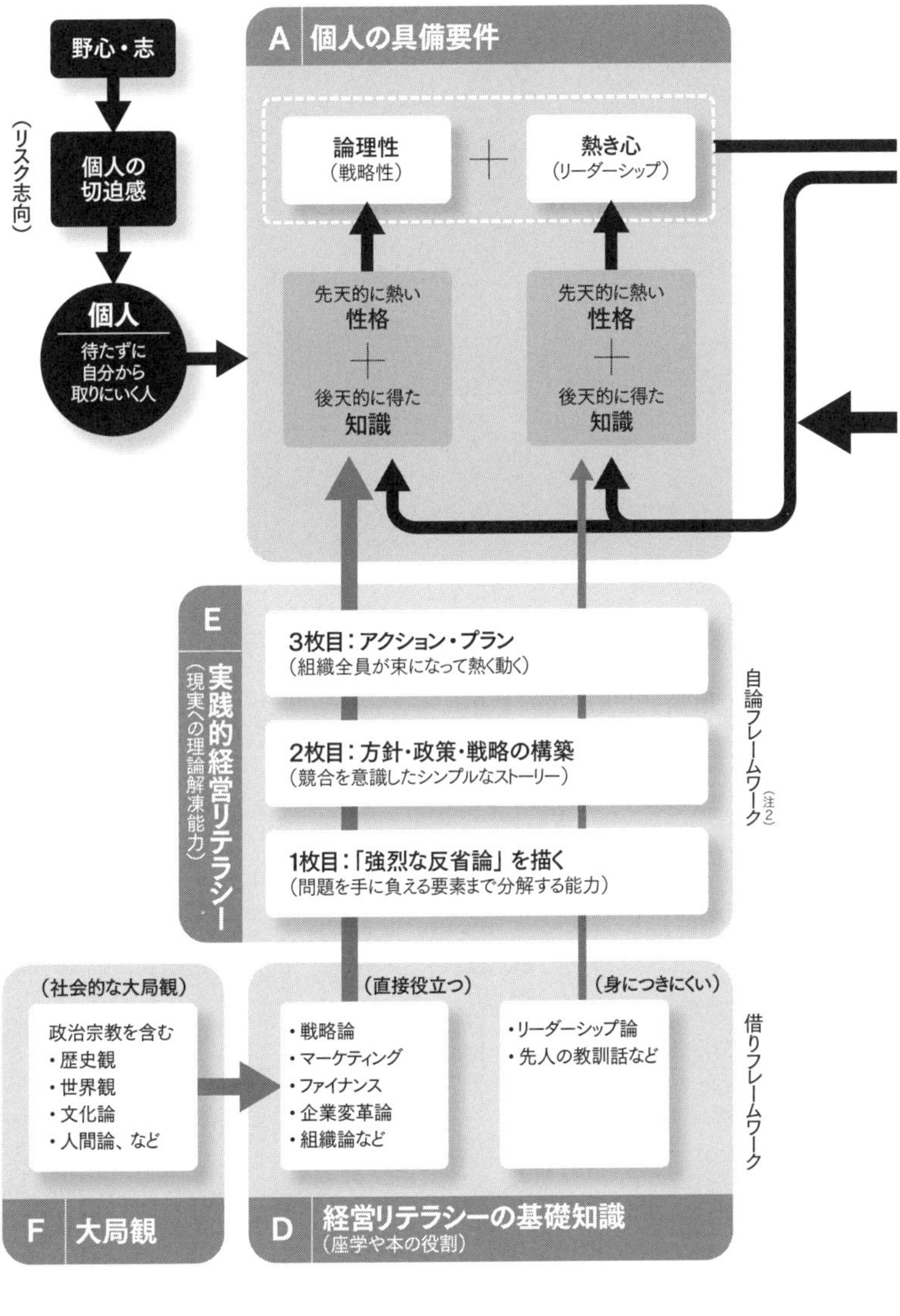

野心・志
（リスク志向）
個人の切迫感
個人
待たずに自分から取りにいく人
A 個人の具備要件
論理性
（戦略性）
熱き心
（リーダーシップ）
先天的に熱い
性格
後天的に得た
知識
先天的に熱い
性格
後天的に得た
知識
E
実践的経営リテラシー
（現実への理論解凍能力）
3枚目：アクション・プラン
（組織全員が束になって熱く動く）
2枚目：方針・政策・戦略の構築
（競合を意識したシンプルなストーリー）
1枚目：「強烈な反省論」を描く
（問題を手に負える要素まで分解する能力）
自論フレームワーク（注2）
（社会的な大局観）
政治宗教を含む
・歴史観
・世界観
・文化論
・人間論、など
F 大局観
（直接役立つ）
・戦略論
・マーケティング
・ファイナンス
・企業変革論
・組織論など
（身につきにくい）
・リーダーシップ論
・先人の教訓話など
D 経営リテラシーの基礎知識
（座学や本の役割）
借りフレームワーク

人は社外で学んでいます。仕事のなかで経営リテラシーを鍛えることはむずかしいでしょうか。

普通の会社では、職場の上司が理論を教えてくれることは期待できません。実体験に基づいて熱心に教えてくれる上司はいます。しかし、ストレートに経営理論に踏み込んで教えてくれる人はほとんどいません。

それなら会社が、経営の基礎理論を教える社内教育を用意すべきでしょうか。日本のサラリーマンは会社の研修に甘えています。私はミスミの社員に、書籍やミスミ社外で学べることは、自分のお金で勉強してくれと言っています。経営者人材を目指すなら、それくらいの勉強は自己責任、自律の精神でやれと。

そうなれば経営者が用意すべき社内教育は、外部講師を連れてくるだけで、書籍や社外で学べることを安価に社員に提供する程度でお茶を濁すわけにいかなくなります。ゼネラル・エレクトリック（GE）のクロトンビル[注3]とまで言わないにしても、独自の経営者人材向き上級コースが求められることになります。

人を育てるには権限委譲が必要だと思いますが、どうすれば正しい権限委譲を行えるでしょうか。

人を経営現場で育てるには部下にリスクを負わせなければならないのですが、彼らが動きやすくしてやるためには、何といっても「経営組織のデザイン」が重要です。部下が決断しにくい組織環境に置かれているのに、上司が部下に「自分で決めていいから」と言うのは、無責任というものでしょう。

　エンパワーメントという言葉は日本語で、権限委譲と訳されることが多いのですが、本来の意味は、顧客と競合に向き合って自律的に物事を決められる組織をまず確保してあげることなのです。

　私の企業再生の経験では、「創って、作って、売る」というワンセットを持つ組織を配下に持たせれば、事業リーダーは自然に自律性を発揮しはじめます。成功した変革において、その変化は劇的です。有能な人材が自律的に動けば、再び元気になる事業が今の日本にたくさんあります。その意味で、日本の大企業にはごまかしの権限委譲が多いのです。カンパニー制を表層的に導入して、組織の実態は何も変わらなかったという企業が多いのもその一例です。

「笛吹けど踊らず」は社員よりもリーダー自身に責任があるということですね。組織に危機感を共有させるうえでも、リーダーの無作為を指摘されていますね。

　危機感は、言葉だけでは生まれません。経営トップが「危機感を持とう」「意識改革しよう」などと口にした時点で、リーダーとして失格だと思います。必要なのはハンズオンの行動と戦略性です。リーダーみずからが現場に入り、組織のボトムで問題となっていることを部下のために解決してあげる行動を執拗に取っていく。それに並行して、大きな戦略の絵を描く。その役割をミドルに託すのは、トップの無責任でしかないと思います。

上司や隣の部署の人たちが悪いと責任を転嫁する人がいる限り、その組織は改革に向けて、エネルギーを束にできません。自分にもまずいところがあったと社内の一人ひとりが気づいて反省した時、初めて組織は改革に向けて動き出します。社内にその「強烈な反省論」（注4）の絵を示すのが改革者の最初の仕事です。

不安や混沌の世界を一度通り抜けると、人は不安定な状態に置かれることに慣れてきます。そうなった人は強いです。会社も個人も、強くなるには、不安定化の時期が必要なのです。

昔のように部下を手荒に育てようとすると「かえってやる気を失わせてしまう」と危惧する上司も少なくありません。

社員を誰もかも全員、経営者人材として育てる必要はないのですよ。向き不向きがありますから。血の騒がない人には、それなりの着実な役割を果たしてもらえばいいのです。全員を平等に扱い続けるのは間違いです。

どの組織にも、どの世代にも必ず「血の騒ぐ奴」がいるものです。経営者としての適性は遅くとも三〇歳前後、本当は二〇代の中頃までに、ある程度見えているはずなのです。それを見て見ないふりをするのではなく、早い時期に選抜して育成する。そうすれば日本企業における経営者人材の育成は大幅にスピードアップできると思います。

ミスミにおける取り組み

ミスミでは、経営者人材を育成するに当たってどのような取り組みをされているのでしょうか。

一つの例ですが、三年半前、当時三〇歳になるかならないかの若手社員たちが、上海に行って中国事業を立ち上げました。組織構築、現地スタッフの採用などすべてゼロからのスタートでしたが、今では日本から誘致した協力企業の社員を含めれば社員一〇〇〇人超を擁する最大の海外事業拠点になっています。

私もこの四年近くほぼ毎月上海に行って、彼らの仕事を見てきました。稚拙な判断でまずい状況に陥って彼らが私に怒鳴られる場面も何回かありました。短期間で修羅場と成功、地獄と天国の境目をさまようような世界を三〇歳前後で経験する機会は、今の日本企業ではなかなかありません。四年前に比べれば彼らは考えも、行動も、顔つきまでも、全然違う人材になっています。まだ三〇代前半なのに、一人は本社の副事業部長に、一人は中国の総経理に抜擢しました。

ミスミには「がらがらポン」と呼ばれる制度があって、二年に一度、社員は自由に職場を異動できます。上司も部下を選べます。人事といえば会社が決めるものですが、ミスミでは自分が選ぶもので、会社がどうしても必要とする時にはわざわざ「会社指定人事」なんて言い方をしなければならないのです。それも行きたくない転勤や異動はいやだと断ればそれで済みます。

この人事制度が事業の自律性に及ぼす意味は大きい。つまり、ミスミでは社員が自己責任で仕事を選び、自分でビジネスプランを書いて自分でリスクを読み、がらがらポンで自分の部下を選び、みずからのリーダーシップで事業に挑みます。ですから中国事業のようなドラマが、社内のあちこちで展開されます。

失敗したら他の誰のせいでもありません。業績が達成できれば高い利益配分賞与が得られます。「会社のために働く」という意識は薄くて、自分の属する事業チームの業績を上げて自分の経営手腕を見せたいという気持ちが、圧倒的に強いのです。ミスミの組織コンセプトは「スモール・イズ・ビューティフル」「組織末端やたら元気」であり、それが経営者育成の土壌になっています。


事業のリスクが高ければ高いほど、なおさら戦略性が求められますよね。ミスミの組織はどのような仕掛けで動いているのでしょうか。


大きな役割を果たしているのはビジネスプラン（戦略計画）です（増補－図3「強い経営リーダーとは」を参照）。この四年間で確立したシステムです。戦略志向の経営組織では、社員から社長に至る経営ラインが明快な戦略ストーリーを共有し、自律性を与えられたリーダーがその実行を仕掛け、戦闘力の高い集団になっていきます。ミスミもそのような組織を目指しています。

ビジネスプランは競争相手にどうやって

勝つかを練る「戦略編」と、四年間の数値計画を立てる「数値編」の二つで構成されます。かなり綿密な調査と精緻な分析が求められます。座学でセオリーを勉強しない人によいビジネスプランは作れません。

事業チームや事業部が作ったビジネスプランは、年一回の「ビジネスプラン審議」にかけられます。事業ディレクター(注5)→部門長→役員→社長の各レベルで審議を繰り返し、「戦略ストーリー」を共有するのです。私は昨年度のビジネスプラン審議に二〇〇時間近い時間を費やしました。一年間のミスミの経営がこれで決まってしまうという重要な、社長にとって最大の勝負の場であり、それだけに部門長もディレクターたちも真剣に向かってきます。

ビジネスプランが承認されると、チームのディレクターと事業部長は「自分の戦略の実行に責任を持つ」というコミットメント・レターにサインをし、社長は「それを支援する」と約束する文章にサインをします。それが、社長から社員までが「同じ船に乗る」ための儀式であり、また権限委譲の仕組みにもなっているのです。

ミスミにおけるトップの役割というのは、要所で介入して協同し、最終的な責任を取るというスタイルなのでしょうか。

私はミスミの社内で「戦略フレームワークの伝道師」だと自任しています。社長の役割は、社員に戦略を練るうえで考え抜くべき枠組みや要素を教えることです。その先、具体的な事業のやり方を細かく指示したり、一方的に戦略を押しつけたりすることは避けています。ミスミには五〇を超えるチームがあるので、その一つひとつに社長が細かく口を出せばかえって間違いを生み、皆が社長の顔ばかり見ているような組織にしてしまう危険性が高いと思います。ですから、事業の具体的中身を考えるのは部門長やディレクターの仕事です。

彼らが初めて持ってくるビジネスプランは、戦略的に考慮すべき要素が抜けていたり、論理に矛盾があったりと、そのまま実行すれば中途半端な結果にしかならないと思われることが多いものです。それを容赦なく指摘するのが私の役目です。もっと絞れ、もっと切り込め、もっと個に迫れ、などという表現で私は彼らに迫ります。

社内のどこかの事業チームがビジネスプランで行き詰まり、立ち往生の状態が長引いた場合には、時に私が「救急隊」として出動します。その部門のディレクターや事業部長たちと、私は週末でも、必要なら夜中まで、彼らと一緒にタコ部屋にこもり、戦略立案の作業を手伝います。私も赤ペンを持って、具体的な指摘を行います。彼らのアドバイス役のつもりですが、彼らにしてみれば社長ですから大変ですよ。逃げ隠れできませんからね。

ビジネスプランができ上がれば、あとは制約条件を外してあげたり、間違った方向に向かっている時に助言したりすればいいだけで、普段は静観していられます。それが権限委譲であり、戦略ストーリーを共有することの意義なのです。

座学で経営リテラシーを習得する機会が

社内に設けられているのですか。

　経営者人材を育成するために、「社長戦略研修」と「ディレクター養成スクール」を実施しています。社長戦略研修は社長が行う二日間約一二時間の研修コースで、経営者に必要な「戦略思考能力」を鍛える場です。年に四回ほど開催し、二〇代半ば以上の経営志向社員に受講資格があります。

　ディレクター養成スクールはディレクターの予備軍として選ばれた社員が対象です。一クール一〇カ月の研修コースで、執行役員が交代で講師陣を務めます。社内の事業チームで現実に実行中のビジネスプランを持ってきて、グループ作業で改良版を作って新提案を出すという、実戦の疑似体験を行う研修です。その部門のディレクターたちも研修の場に引っ張り出されますから、生々しいものです。成果は経営会議で発表してもらいます。

　また、月一回ディレクター全員を集める「ディレクター経営フォーラム」、別名「社長寺子屋セッション」では社内事例などを討議します。時に事後リポートを書かせ、部門長と社長が分担して採点してコメントを戻します。さながら学校のようです。

　そのほかに、一般社員が半年に一回集まって二時間くらい社長と質疑をする「社長オープンフォーラム」があります。若手社員から鋭い質問をされるのが楽しみなセッションです。

　これらの活動のなかで執行役員や部門長の役割は年々大きくなっています。私の役割は少しずつ後退させ、親ガメが子ガメを育て、子ガメが孫ガメを育てるという教育連鎖を作ろうとしています。ミスミの執行役員や部門長には、「魂の伝授」と「戦略指南」の力量が求められます。私の代わりに一橋大学の教壇に立つこともあります。本来の仕事もそれぞれきつくて業績も伸ばさなければならないのですから、ミスミの役員はけっこう大変です。

将来的には「ミスミ経営スクール」のようなものを開設し、手作りの社内ケース・スタディを用意して、生々しく理論と現場を行き来できる研修を充実させたいと思っています。

ミスミにおける経営者人材の育成は何合目くらいまできましたか。

まだ四～五合目というところでしょうか。いずれミスミが日本の他の企業にも通用する経営者人材を輩出できるようになり、ミスミの幹部にあちこちの会社から引き抜きの声がかかるようになれば、最高だと思います。そういう組織を目指すことが、ミスミグループ自体を世界的企業に押し上げていく道でもあると思います。

今の日本の好景気など、一過性にすぎないのであり、さらなる地盤沈下の起きる可能性は十分にあります。ただ、最近の若い世代に、再びハングリー精神の息吹のようなものを感じることがときどきあって、まだ望みはあります。私はそうした有為の人材に「この指止まれ」と呼びかけているのです。

ミスミは新たな戦略をいろいろ打っており、今私自身が社長としてリスクの淵に立っています。私にとってはきついですが、そんなリスクの淵こそ、人材育成に最適なのです。挑戦はまだまだ続きます。

【注】

（1）因果律

何らかの事象が起こるには、それに先立って、原因となる別の事象が必ず存在している。つまり、あらゆる出来事には必ず原因がある、ということである。このことは、ビジネスの現場でも同様である。経営者人材として成長していくには、現場経験のなかで、さまざまな因果律を発見・蓄積していくことが欠かせない。そうすることで、現状を的確に分析し、どのような打ち手が効果的なのかを判断する能力が磨かれていく。

（2）自論フレームワーク

持論ではなく「自論」としているのは、本や教室で学ぶのでもなく、コンサルタントに頼るのでもなく、自分の頭で考え、みずから実践し、人とカネを実際に動かし、成功の喜びを、あるいは失敗の苦痛を知ることで導き出した、「自分ならではロジック」、という意味を込めているからである。ちなみに、フレームワークとは、物事の本質や構造を理解し、分かりやすく説明するための考え方や視点、コンセプト、思想、理念などの総称である。経営スキルの向上とは、言い換えれば、この自論フレームワークの数を増やしていくことにほかならない。

（3）クロトンビル

GEには、ニューヨーク州クロトンビルにジョン・F・ウェルチ・リーダーシップ開発研究所という企業内大学がある。年一〇億ドル以上を投じて、GEの価値観や戦略的目標を伝え、企業と人間を結びつける企業文化を築き上げるリーダーを育成している。

（4）反省論

「論」とついているところに、ご注目されたい。単なる反省とは異なり、問題を洗い出し、とことん分析し、論理的に説明できるまで、突き詰めるのが、反省論である。過去に何度も改革を試みながら、結局ほとんど変わっていない企業が多いのは、「問題の核心」に迫る徹底的な反省論を避けてきたからである。もちろん、この作業は痛みを伴う。しかし、痛みを知ることで失敗から大いに学ぶことができる。

（5）事業ディレクター

ミスミの事業組織はチームで構成されており、その責任者であるディレクターは、チームの規模によっては一般企業の部長ないし課長に相当する職位。

本インタビューは二〇〇六年に行われたものであり、初出はDIAMONDハーバード・ビジネス・レビュー二〇〇七年一月号である。

［著者］
三枝匡（さえぐさ・ただし）
株式会社ミスミグループ本社代表取締役会長
1967年一橋大学経済学部卒業。三井石油化学を経て、20代でボストン・コンサルティング・グループの国内採用第1号コンサルタントになる。東京、ボストンでの勤務を通じ70年代の世界的な「経営戦略論の黎明期」に浸かる。スタンフォード大学でMBAを取得。プロ経営者になりたいとの志を抱き、30代で赤字会社２社の再建を代表取締役として経験。40代から16年間、不振企業の再建支援を行う「事業再生専門家」として活動。2002年、東証1部上場企業ミスミグループ本社の社長・CEOに就任。同社を10年間で従業員340人の商社から7000人を超える国際企業に変身させた。2008年より現職。
一橋大学大学院（MBAコース）客員教授も務めた。
著書に『戦略プロフェッショナル』『経営パワーの危機』『Ｖ字回復の経営』『「日本の経営」を創る』（共著）など。

戦略プロフェッショナル［増補改訂版］——競争逆転のドラマ

2013年6月27日　第1刷発行

著　者——三枝匡
発行所——ダイヤモンド社
〒150-8409　東京都渋谷区神宮前6-12-17
http://www.diamond.co.jp/
電話／03·5778·7232（編集）　03·5778·7240（販売）
装丁————デザインワークショップジン
製作進行——ダイヤモンド・グラフィック社
DTP　———インタラクティブ
印刷————堀内印刷所（本文）、共栄メディア（カバー）
製本————ブックアート
編集担当——木山政行

ISBN 978-4-478-02422-5

増補-図3 強い経営リーダーとは

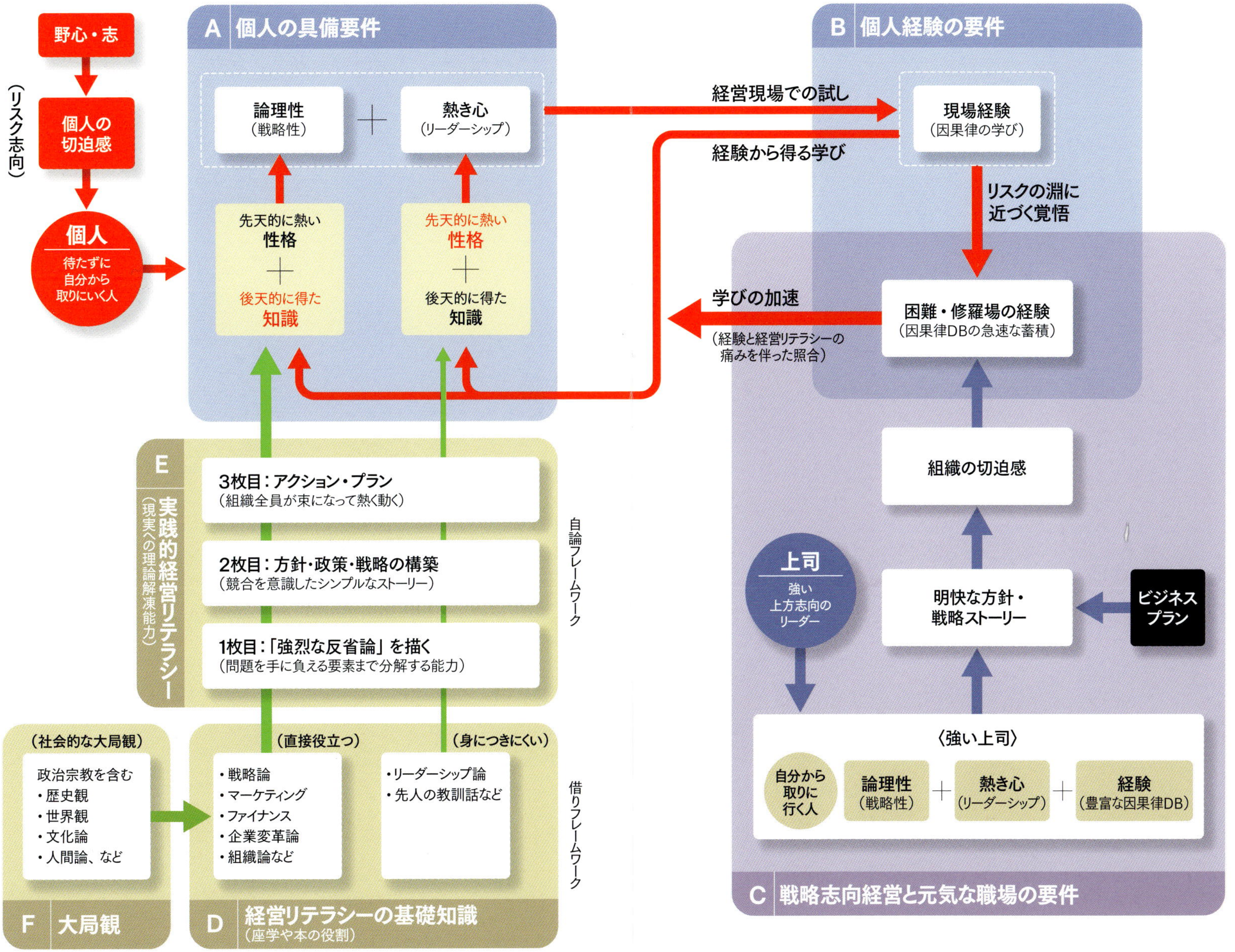

野心・志
(リスク志向)
個人の切迫感
個人
待たずに自分から取りにいく人
A 個人の具備要件
論理性
(戦略性)
熱き心
(リーダーシップ)
先天的に熱い
性格
後天的に得た
知識
先天的に熱い
性格
後天的に得た
知識
B 個人経験の要件
経営現場での試し
現場経験
(因果律の学び)
経験から得る学び
リスクの淵に近づく覚悟
学びの加速
(経験と経営リテラシーの痛みを伴った照合)
困難・修羅場の経験
(因果律DBの急速な蓄積)
組織の切迫感
上司
強い上方志向のリーダー
明快な方針・戦略ストーリー
ビジネスプラン
〈強い上司〉
自分から取りに行く人
論理性
(戦略性)
熱き心
(リーダーシップ)
経験
(豊富な因果律DB)
C 戦略志向経営と元気な職場の要件
E 実践的経営リテラシー
(現実への理論解凍能力)
3枚目:アクション・プラン
(組織全員が束になって熱く動く)
2枚目:方針・政策・戦略の構築
(競合を意識したシンプルなストーリー)
1枚目:「強烈な反省論」を描く
(問題を手に負える要素まで分解する能力)
自論フレームワーク
(社会的な大局観)
政治宗教を含む
・歴史観
・世界観
・文化論
・人間論、など
F 大局観
(直接役立つ)
・戦略論
・マーケティング
・ファイナンス
・企業変革論
・組織論など
(身につきにくい)
・リーダーシップ論
・先人の教訓話など
借りフレームワーク
D 経営リテラシーの基礎知識
(座学や本の役割)